Duden

Mein Trainingsheft Deutsch 2

Erarbeitet von Petra Mönning und Silke Schwetschenau

DUDEN PAETEC Schulbuchverlag
Berlin, Frankfurt a. M.

Das Abc

1 Trage die fehlenden Buchstaben ein.
Schreibe passende Wörter in die Waggons.

In meiner Küche gibt es **B**echer,
einen **B**ackofen und eine **B**ratpfanne.
Welche Dinge gibt es bei dir mit **B**?

1 Verbinde die Buchstaben in der Reihenfolge des Abcs.
Du kannst die Figur dann auch ausmalen.

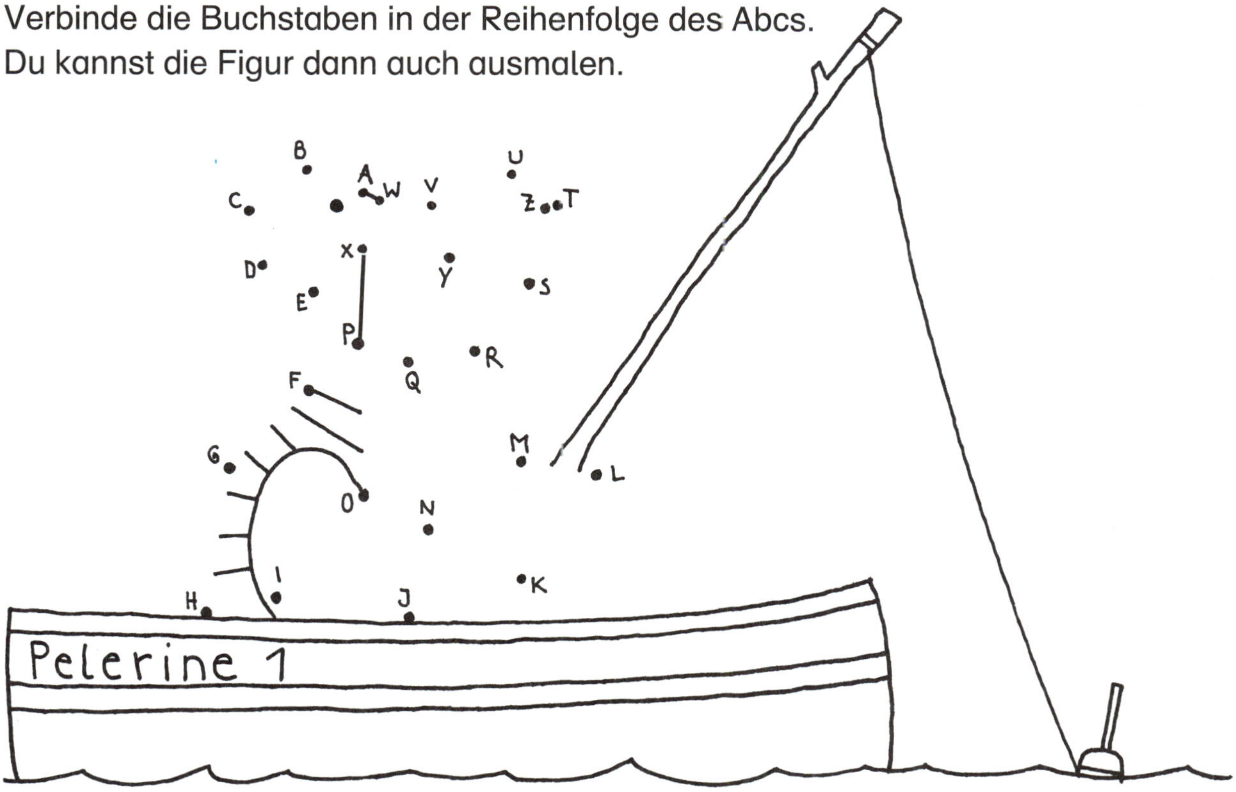

2 Entschlüssle mithilfe des Codes die Geheimbotschaft unten.

A	B	C	D	E	F	G	H	I	J	K	L	M
1	2	3	4	5	6	7	8	9	10	11	12	13
N	**O**	**P**	**Q**	**R**	**S**	**T**	**U**	**V**	**W**	**X**	**Y**	**Z**
14	15	16	17	18	19	20	21	22	23	24	25	26

16 5 12 9 11 1 14 5   5 19 19 5 14   7 5 18 14   6 9 19 3 8 5.

3 Kannst du auch solche Geheimbotschaften schreiben?

Wörter ordnen

1 Ordne die Wörter nach dem Abc.

2 Ordne die Wörter nach dem Abc. Achte auf den zweiten und dritten Buchstaben.

Blume

Ball

Berg

Brett

Regen

rudern

Rost

reden

Reime finden

1 Was reimt sich? Verbinde.

Hose

Hase

Riese

Hai

Tisch

Tasche

Dose

Blume

Vase

Auto

Haus

Mund

Bild

Tuch

Baum

2 Welche Wörter fehlen?

Regen

raus

Maus

Bergen

Haare

Schneewittchen wohnt bei den sieben Zwergen,
weit hinter den sieben ________.

Dornröschen schlief hundert Jahre.
Wuchsen bei ihr eigentlich die ________?

Das Mädchen im „Sterntaler“ bringt den Menschen Segen.
Die Taler fallen vom Himmel wie ________.

Hänsel und Gretel tricksen die Hexe aus
und kommen so aus ihrem Gefängnis ________.

Rumpelstilzchen ist klein und geschwind.
Die Müllerstochter verspricht ihm ihr ________.

Haus

Buch

Kind

Kuchen

Flotte Fledermäuse flattern flink im Flugzeug.
Flinke Fliegen flitzen fleißig durch den Flur.

Nomen erkennen

1 Welche Wörter haben sich in den S-Bahnen versteckt?
Trenne sie mit einem Strich. Umkreise dann die Nomen rot.

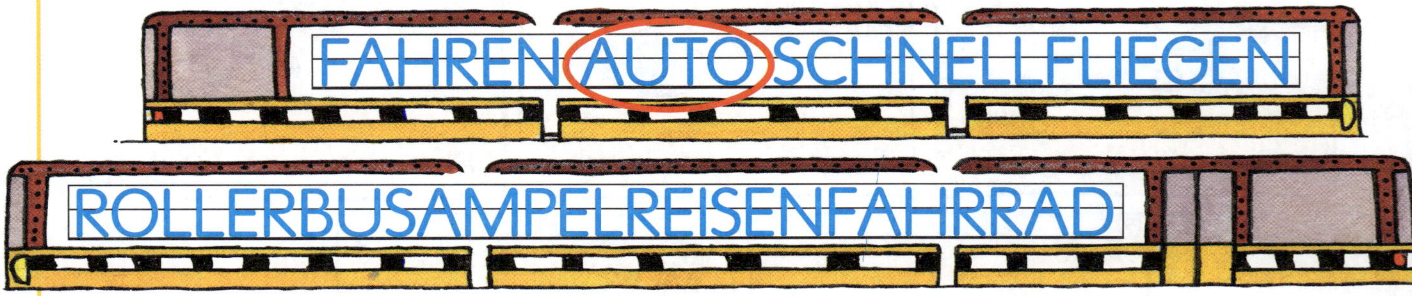

2 Schreibe die Nomen mit dem Artikel in der Einzahl und in der Mehrzahl auf.

3 Hier stimmt doch etwas nicht. Schreibe den Text richtig auf.

Pele steht an der straße und möchte auf die andere seite gehen. Er sucht zuerst nach einem zebrastreifen. Dann schaut er, ob ein auto kommt. Alles frei!

Bestimmte und unbestimmte Artikel

1 Setze die bestimmten und unbestimmten Artikel ein.

An einem schönen Sommertag macht Pele ____ Ausflug. Er trifft sich mit ____ Freund. ____ Freund heißt Toto. Mit ____ Picknickkorb unter ____ Arm geht es los. Toto und Pele laufen durch ____ Wald, bis sie an ____ Wiese kommen. Sie setzen sich auf ____ Wiese und packen ____ Picknickkorb aus. Plötzlich hören sie ____ Geräusch. Vor ihnen steht ____ Stier. ____ Stier schnuppert an ____ Korb. Da hat Pele ____ Idee. Er gibt ____ Stier ____ Möhre. Glücklich knabbert er ____ Möhre und trottet davon.

eine ein
einem dem ein
eine eine der
einen den
einem der
die die
dem
dem
einem
den

2 Verbinde die passenden Puzzleteile.

- Unglück kommt selten allein
- dem
- eine
- ein
- der Spatz in der Hand ist besser als die Taube auf
- Dach
- eine
- dümmsten Bauern haben die dicksten Kartoffeln
- den
- Hand wäscht die andere
- Schwalbe macht noch keinen Sommer
- die
- man soll
- Tag nicht vor dem Abend loben

Selbstlaute

1 Die Tiere haben ihre Selbstlaute vertauscht.
Schreibe die Tiernamen richtig auf.

2 Kurzer oder langer Selbstlaut?
Male einen Punkt für einen kurzen Selbstlaut oder einen Strich für einen langen Selbstlaut in die Kästchen.

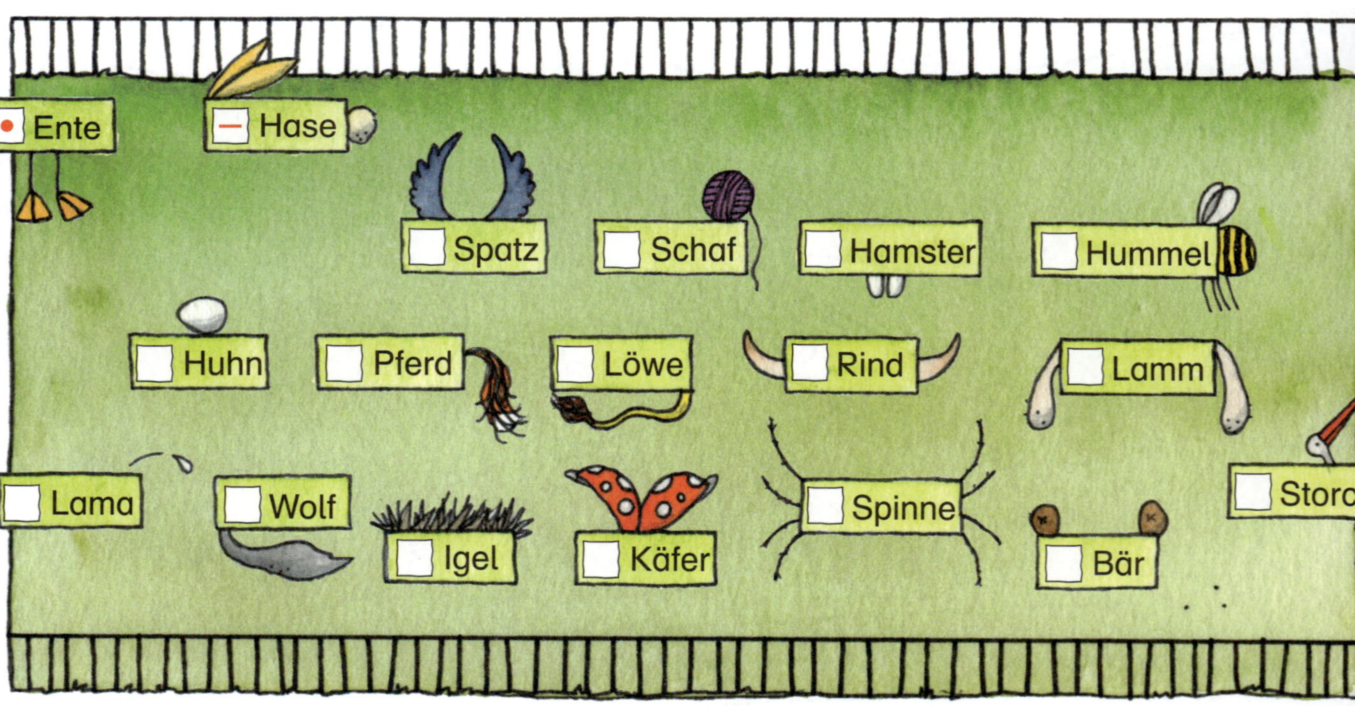

1. Setze die fehlenden Umlaute ein.

2. Schreibe die Geschichte weiter.
Benutze dabei möglichst viele Wörter mit Umlauten.

Es war einmal ein B□r. Der hatte den ganzen Winter in einer gem□tlichen H□hle geschlafen. Nun kam der Fr□hling und der B□r streckte und r□kelte sich. Nach dem Winter freute er sich □ber die w□rmenden Sonnenstrahlen. □bermütig verließ er seine H□hle. Es war Zeit für ein kr□ftiges Fr□hst□ck. Gew□hnlich aß der B□r am liebsten s□ßen Honig. Doch wo konnte er die S□ßigkeit finden? Der B□r gr□belte und gr□belte.

____

____

3. Trage ein. Alle Wörter enthalten einen Doppellaut.

Man bekommt sie von einem Stoß oder Schlag.
Oft hat man sie an der Stirn. Sie tut weh. □□□□□ (1)

Es ist ein Vogel. Er ist nachts wach.
Er kann sehr gut hören und sehen. □□□□ (5)

Das mögen Autofahrer nicht. Sie müssen dann warten.
Das passiert, wenn viele Autos die gleiche Straße benutzen. □□□□ (3)

Damit kann man sich waschen.
Sie rutscht leicht aus der Hand. □□□□□ (4)

Viele Menschen essen es zum Frühstück.
Zum Backen braucht man viele davon. □□ (2)

au · ei · äu · eu

Lösung: Jemand, dem sein Aussehen sehr wichtig ist, ist □□□□□ (1 2 3 4 5).

Silben erkennen

1 Welche Obst- und Gemüsesorten haben sich hier versteckt? Verbinde die Silben.

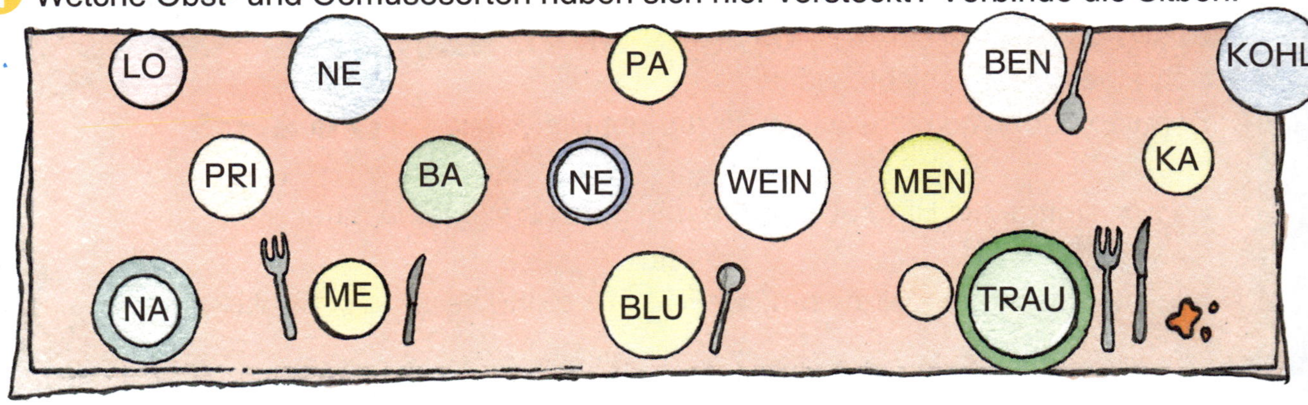

2 Klatsche zuerst. Male dann Silbenbögen darunter.

Sau er kir sche   Schlangengurke   Holunderbeere

3 Wie viele Silben haben die Wörter? Klatsche und trage ein.
Fallen dir noch weitere Obst- und Gemüsesorten ein? Trage sie ein.

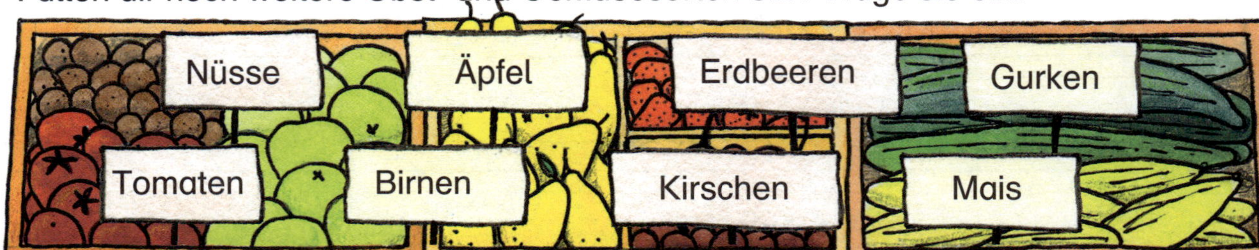

eine Silbe	zwei Silben	drei Silben
		Erdbeeren

1 Finde die Verben. Male die Felder farbig aus.

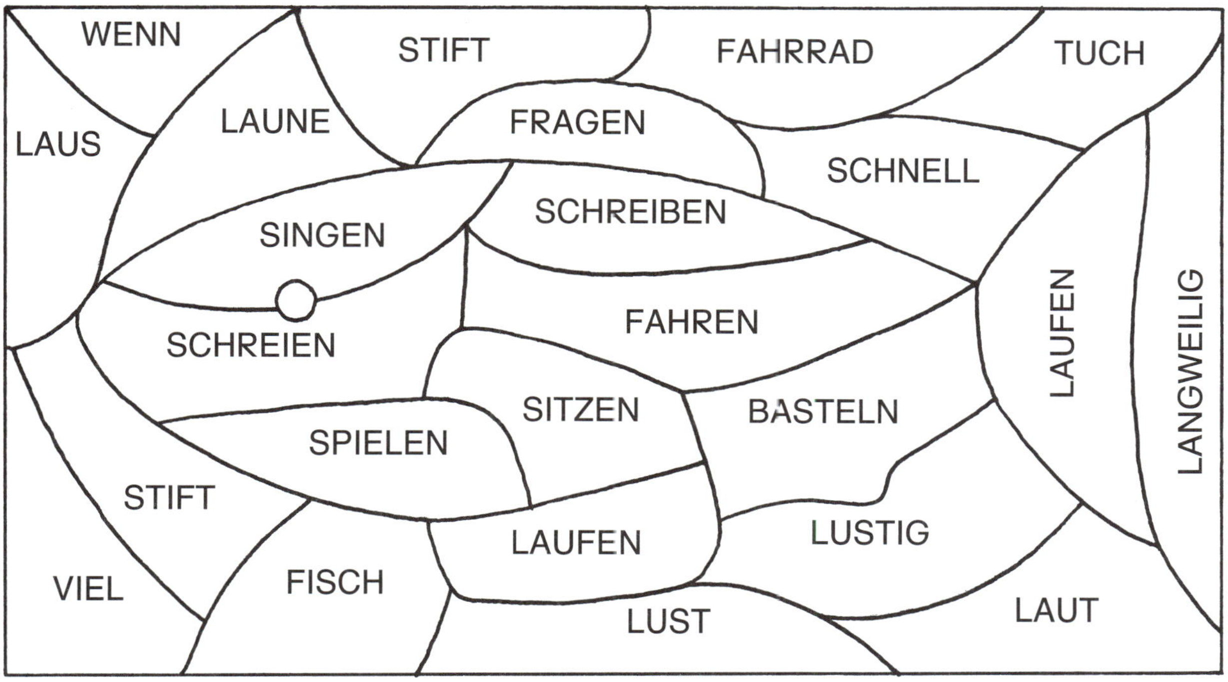

2 Ergänze die Verben in der richtigen Form.

ich		ich	esse	ich	
du		du		du	
er	trinkt	sie		es	
wir		wir		wir	hüpfen
ihr		ihr		ihr	
sie		sie		sie	

Wörter zusammensetzen

1 Welche Wörter haben sich im Baum versteckt?

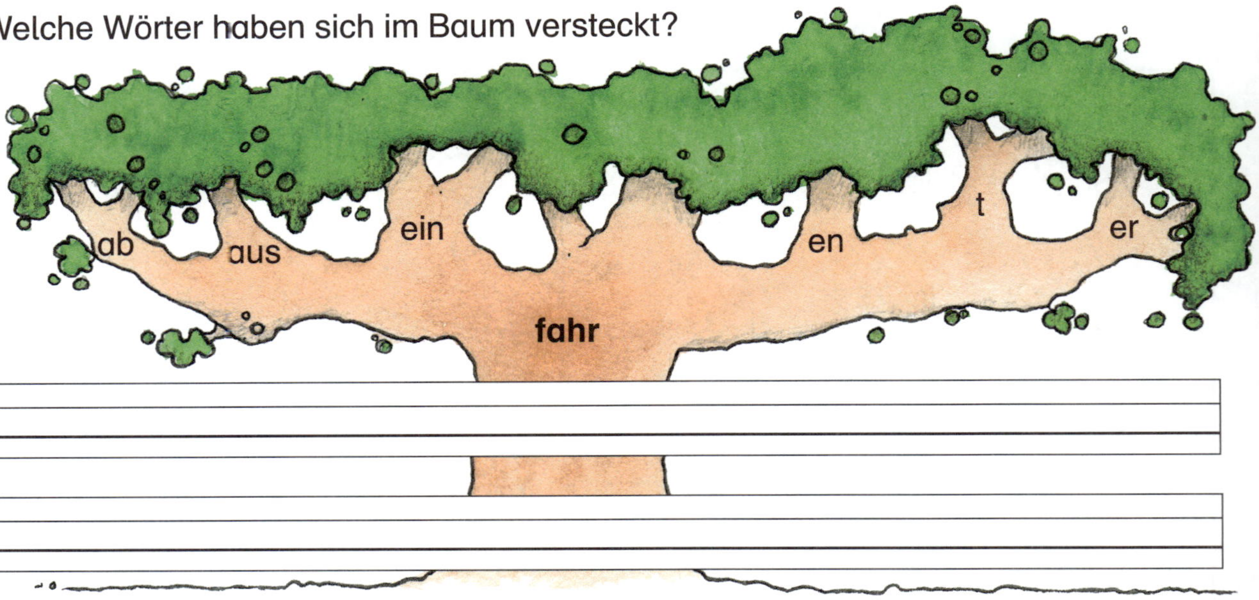

2 Setze richtig ein. Es gibt mehrere Möglichkeiten.

Schreibe die Wortbausteine auf Kärtchen. Drehe sie um und ziehe immer eins. Versuche, möglichst viele Wörter damit zu finden.

umstellen, Umbau, umschreiben ...

auf
weg
um
mit
lach
be
er
an

1 In jedem Satz ist ein Wort zu viel. Streiche es durch.

Im früher Mittelalter lebten die Ritter auf einer Burg.
Sie lernten kämpfen schon früh, wie man reitet und kämpft.
Sie dienten für einem Fürsten oder König.
Dafür wann erhielten sie Land, das sie weiter an Bauern verliehen.
Im Kampf trugen klapperten die Ritter eine Rüstung.

2 Trage die fehlenden Wörter ein. Die Wörter unten helfen dir.
Achtung: Nicht alle Wörter passen in den Text.

Im Mittelalter ________ die Ritter eine Ritterrüstung. Die schützte sie, damit sie sich im Kampf nicht ________. Die Ritterrüstung bestand ________ einem Kettenhemd. Darüber trugen die ________ einen sogenannten Waffenrock. Auf dem ________ trugen die Ritter einen Helm. Der Helm ________ sie vor Kopfverletzungen. Es dauerte sehr ________, bis die Ritter ihre Rüstung anhatten. Sie war schwer. Sie ________ etwa 30 Kilogramm. Die Ritter hatten ein ________ und eine Lanze als Waffen.

Schwert, Ritter, Bauer, verletzten, Turnier, trugen, lange, wog, Kopf, schützte, hüpfen, aus, mit, trug

1 Ordne die Wörter nach dem Abc.

Zange schrauben Bohrer sägen Nagel

2 Umkreise alle Nomen rot und alle Verben grün.

KUNDE KAMM BÜRSTE SCHNEIDEN
WASCHEN ZAHLEN KÄMMEN

3 Kurzer oder langer Selbstlaut? Trage in die Tabelle ein.

Farbe rot Wand malen grün Pinsel

kurzer Selbstlaut	langer Selbstlaut

4 Bilde alle möglichen Wörter aus den Wortbausteinen.

ver an stell lauf en

5 In jedem Satz ist ein Wort zu viel. Streiche es durch.

Pele blättert liest ein Buch.
Es ist lustig sehr spannend.

Tim geht am im Park spazieren.
Lena spielt schwimmt Klavier.

1 In unserer Stadt ist viel los:

- Wie viele Fußgänger tragen eine Tasche? ☐
- Wie viele Fahrradfahrer fahren nach links? ☐
- Wie viele rote Autos findest du? ☐
- Wo hat sich Pele versteckt? Kreise ihn farbig ein.

So prägst du dir Merkwörter ein

Schreibe deine Merkwörter auf Karteikarten.
Probiere die Übungsvorschläge zusammen mit einem Partnerkind aus.

Vase

fahren

Stadt

Puzzle

Lege 4, 5 oder mehr Merkwortkarten vor dich hin. Präge sie dir gut ein. Mache die Augen zu. Ein Partnerkind nimmt eine Karte weg. Welche?

Ein Kind verteilt drei Merkwortkarten im Raum. Das Partnerkind darf nicht zusehen. Dann muss es die Karten suchen. Hat es sie gefunden, sagt es zu jedem Wort einen Satz und schreibt die Wörter dann auswendig auf.

Erzählt mit den Merkwörtern eine Geschichte.
Zieht abwechselnd eine Karte.
Bildet mit jedem Wort einen Satz, sodass eine Geschichte entsteht.

Adjektive

1 Finde alle Adjektive. Markiere sie farbig.
Ordne sie dann nach dem Abc.

2 Die alte Schatzkarte ist ganz fleckig. Setze die Adjektive passend ein.

Piraten sind ein ______ Volk. Sie fahren mit Schiffen übers ______ Meer.

Piraten überfallen andere Schiffe und stehlen ihre ______ Fracht.

Wenn sie Beute gemacht haben, feiern sie ein ______ Fest. Gold und

Schmuck verstauen sie in ______ Schatztruhen. Die Schatztruhen werden

auf ______ Inseln verbuddelt. Nur die ______ Karte des Kapitäns

verrät, wo der Schatz vergraben ist.

groß weit alt wertvoll wild fröhlich einsam

1 Lies zuerst den Text. Kreuze dann die richtigen Antworten an.
Am Ende ergibt sich ein Lösungswort.

Im Zirkus

Pele hüpft ganz aufgeregt auf und ab. Ein Zirkus ist in der Stadt. Da muss er unbedingt hin. Am Nachmittag ist es dann soweit. Pele kauft eine Eintrittskarte und betritt das bunte Zirkuszelt. Schon beginnt die Vorstellung. Zuerst treten die Artisten auf. Sie schwingen hoch oben in der Luft von einem Trapez zum anderen. Dann trotten die riesigen Elefanten in die Manege. Trotz ihrer Größe können sie schwierige Kunststücke vorführen. Pele vergisst vor lauter Staunen, sein Popcorn zu essen. Nach den Elefanten unterhalten die Clowns das Publikum mit ihren Späßen. Pele kann gar nicht mehr aufhören zu lachen. Zum Schluss kommen noch einmal alle Zirkusleute in die Manege. Pele ist begeistert. Was für eine schöne Zirkusvorstellung.

1. Wo ist Pele?	im Schwimmbad	B	
	im Zoo	D	
	im Zirkus	L	
2. Was kauft Pele?	eine Kinokarte	ä	
	eine Eintrittskarte	ö	
	ein Buch	ü	
3. Wer tritt zuerst auf?	die Artisten	w	
	die Elefanten	m	
	die Giraffen	o	
4. Was vergisst Pele zu essen?	seine Nudeln	k	
	sein Popcorn	e	
	sein Butterbrot	b	
5. Wer tritt nach den Elefanten auf?	die Pferde	f	
	die Delfine	h	
	die Clowns	n	

Pele sieht im Zirkus am liebsten die gefährlichen ☐☐☐☐☐

d oder t, g oder k, b oder p im Auslaut?

das Kind,
die Kinder

1 Mit **d** oder mit **t**? Kreuze an.

d [x] t [ ]

d [ ] t [ ]

d [ ] t [ ]

d [ ] t [ ]

d [ ] t [ ]

d [ ] t [ ]

d [ ] t [ ]

d [ ] t [ ]

d [ ] t [ ]

d [ ] t [ ]

d [ ] t [ ]

2 Mit **g** oder mit **k**?

star k	– die star k en Männer	der Flu ___	– die Flü ___ e
der Kru ___	– die Krü ___ e	das Geträn ___	– die Geträn ___ e
der Ta ___	– die Ta ___ e	der Zu ___	– die Zü ___ e
die Bur ___	– die Bur ___ en	flin ___	– das flin ___ e Wiesel
lan ___	– das lan ___ e Brett	der We ___	– die We ___ e

3 Mit **b** oder mit **p**?

trü b	gel ___	hal ___
Die ___	Sta ___	Kor ___
lie ___	Telesko ___	gro ___
Sie ___	Stau ___	Urlau ___
Lo ___	Kal ___	Mikrosko ___

An trüben Tagen
habe ich
schlechte Laune.

1 Bilde zusammengesetzte Nomen. Trage sie unten ein.

Das ziehst du im Winter an: ☐ ☐ ☐[1] ☐ ☐ ☐[5] ☐ ☐ ☐ ☐[3]

Das ist ein Eingang: ☐ ☐ ☐ ☐[4] ☐ ☐ ☐

Da rieselt Sand durch: ☐ ☐ ☐ ☐[8] ☐ ☐[6] ☐

Damit schminken sich Frauen: ☐ ☐[7] ☐ ☐ ☐ ☐[2] ☐ ☐ ☐ ☐ ☐

Da hängen leckere Früchte dran: ☐ ☐ ☐ ☐ ☐ ☐ ☐ ☐ ☐[9]

Der spendet Schatten: **S** **o** ☐[1] ☐[2] ☐[3] **n** ☐[4] ☐[5] ☐[6] ☐[7] ☐[8] ☐[9]

2 Hier kommen ganz besondere zusammengesetzte Nomen.

Haus + Geister — die Hausgeister, das Geisterhaus

Kuh + Milch ______________________

Tür + Schloss ______________________

Spiel + Ball  ______________________

3 Wie könnte es weitergehen?

e oder ä?

1 Immer zwei Wörter gehören zusammen. Verbinde sie.

der Stecker	der Bäcker	das Land	sie fährt	
die Wälder	stecken	fahren	rennen	der Wald
er rennt	backen	die Länder	die Schale	schälen

2 Mit **e** oder **ä**? Schreibe ein verwandtes Wort dazu.

er f ä llt — fallen

der B ◯ rg — ______

die D ◯ cher — ______

die B ◯ cher — ______

k ◯ lter — ______

schn ◯ ller — ______

◯ lter — ______

die ◯ pfel — ______

3 Welche Wörter mit **ä** sind gemeint?

Hier gibt es frische Brötchen: ☐☐☐☐☐☐☐☐

So nennt man Kinder von Rindern: ☐☐☐☐☐☐

Der züchtet und pflegt Blumen: ☐☐☐☐☐☐☐

Die hat man im Mund: ☐☐☐☐☐

1 Finde verwandte Wörter mit **au**.

die Häuser – ______

die Bäume – ______

die Träume – ______

der Käufer – ______

läuten – ______

der Läufer – ______

räumen – ______

2 Trage richtig ein und male in der passenden Farbe aus.

L [äu] se	Kr [ ] ze	t [ ] er	Z [ ] ne	[ ] le
F [ ] er	L [ ] te	[äu]	R [ ] ber	B [ ] tel
sch [ ] men	T [ ] fel	[eu]	K [ ] le	Kr [ ] ter
s [ ] bern	schl [ ] dern	Str [ ] ße	Fr [ ] nde	

3 Alles ist ganz klein.

die Taube

das Täubchen

______

______

______

______

______

______

Vorsilben

1 Umkreise die Vorsilben farbig.

weglaufen	Vortrag	aushalten	gesehen
einsetzen	mitkommen	erkennen	entfernen
begreifen	angeben	Abstand	verstehen

2 Welche Vorsilben passen zu den Verben? Verbinde möglichst mit den passenden Farben.

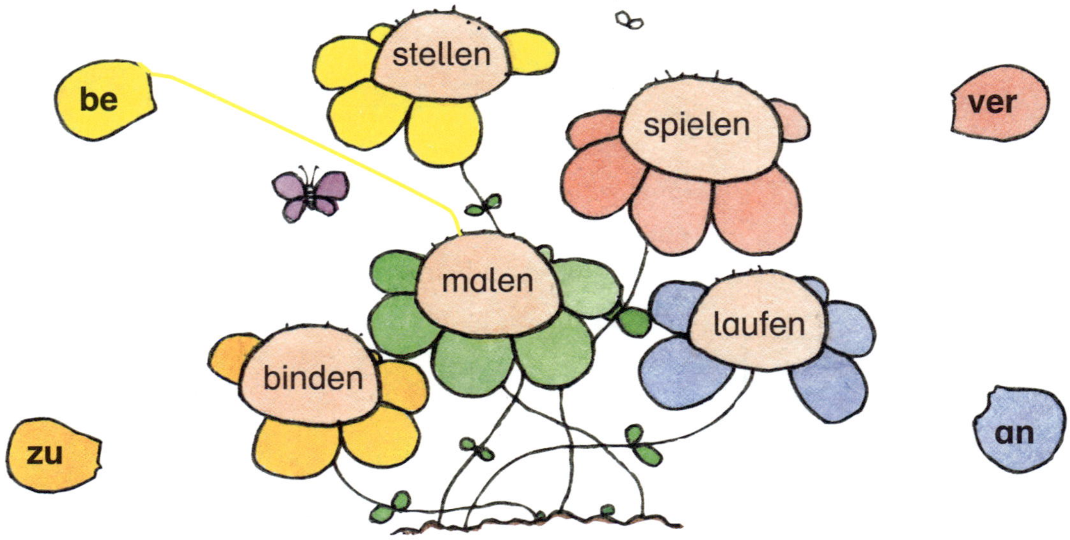

3 Finde jeweils fünf Wörter mit den Vorsilben **ab-** und **vor-**.

Immer längere Wörter lesen

1 Male Silbenbögen.
Welches Wort hat die meisten Silben? Markiere es farbig.

Gabel
Gabelstapler
Gabelstaplerfahrer

Floh
Flohzirkus
Flohzirkusdirektor

Feuer
Feuerwehr
Feuerwehrmann
Feuerwehrmannschaft
Feuerwehrmannschaftsführer
Feuerwehrmannschaftsführerin

Unter
Untersee
Unterseeboot
Unterseebootskapitän

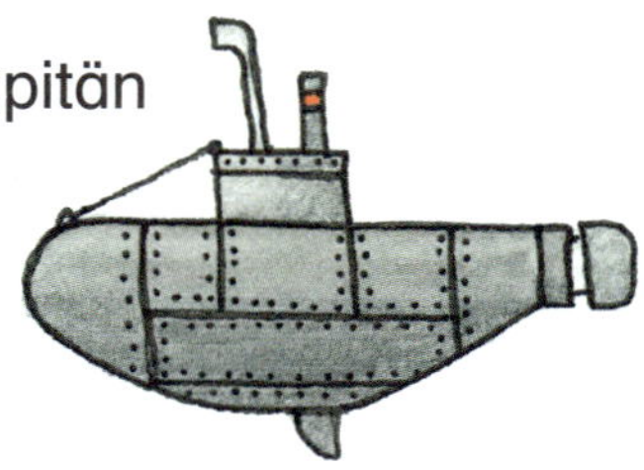

Last
Lastkraft
Lastkraftwagen
Lastkraftwagenfahrer

2 Trenne jeden Wortteil ab. Lies dann die Wörter laut.

Hoch | see | fischer | boot
Speisewagenschaffner
Hochhauseingang

Staubsaugerfachverkäufer
Fußballweltmeisterschaftsendspiel
Obstsalatglasschüssel

3 Fallen dir auch solche langen Wörter ein?

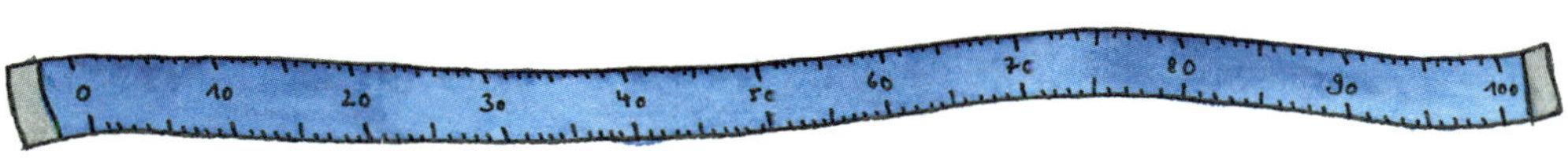

Wörter mit sp und st

1 Welche Wörter mit **sp** oder **Sp** sind gemeint?

1. Das geistert in alten Schlössern umher.
2. Das tun die Gespenster gern.
3. Die Spinne … ihr Netz.

4. Damit fängt man Mäuse.
5. Da kann man sich selbst drin sehen.
6. Das sind Abenteuergeschichten meistens.

Lösungswort:

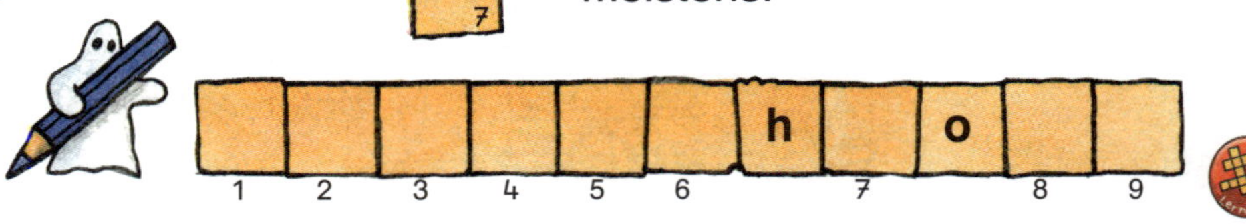

2 Die Gespenster verdecken die Wortanfänge. Setze **st** oder **St** ein.

3 **sp/Sp** oder **st/St**? Verbinde.

urm aβ ülen umm imme

ill inne alte ende atz

4 Lies die Unsinnszungenbrecher so schnell du kannst.

Spuckende Spinnen springen mit spielenden Spatzen vom Sprungbrett.
Steinreiche Störche stricken still mit stinkenden Steinen.

1 Pele war im Urlaub und hat Fotos gemacht. Doch was ist das? Auf jedem Foto fehlt etwas. Zeichne dazu, was fehlt, und male in den richtigen Farben aus.

Hier ist Pele am Strand.
Er hat gerade eine Sandburg mit drei Türmen gebaut.
Auf den mittleren Turm hat er ein grünes Fähnchen gesteckt.
Rechts neben der Burg liegen Peles blaue Schaufel und sein roter Eimer.

Pele liegt auf einer grünen Luftmatratze.
Ein blauer Fisch springt aus dem Wasser. Die Sonne scheint.
Es ist nur eine einzige Wolke am Himmel zu sehen.

Auf diesem Foto spielt Pele mit einem gelben Ball mit roten Punkten. Er wirft ihn seinem neuen Freund Tim zu.
Tim ist ein kleiner brauner Hund mit Sonnenbrille.
Pele hat einen roten Sonnenhut auf.

1 Finde alle Adjektive. Umkreise sie farbig.

WEIL SCHÖN BLAU
DENN ANGST
DUNKEL FARBE MALEN BUNT

2 Mit **d** oder mit **t**?

ro Her Ba Kin har wei Pfer

3 Mit **g** oder **k**?

star Zwer Schran kran lan Bur

4 Bilde alle möglichen zusammengesetzten Nomen.

Burg Hand
Ritter Hof Kopf
Tuch Herr

5 Mit **e** oder **ä**?

T ller G ld sp nden er f llt er r t er st llt m ckern

6 Mit **eu** oder **äu**?

F er Ungeh er t er Kr ter Z ne B me L te B te h te

7 Finde mindestens vier passende Vorsilben zu **sehen**.
Schreibe die neuen Wörter auf.

1 Pele ist gerade auf dem Weg zum Training.
Welchen Sport will er machen?

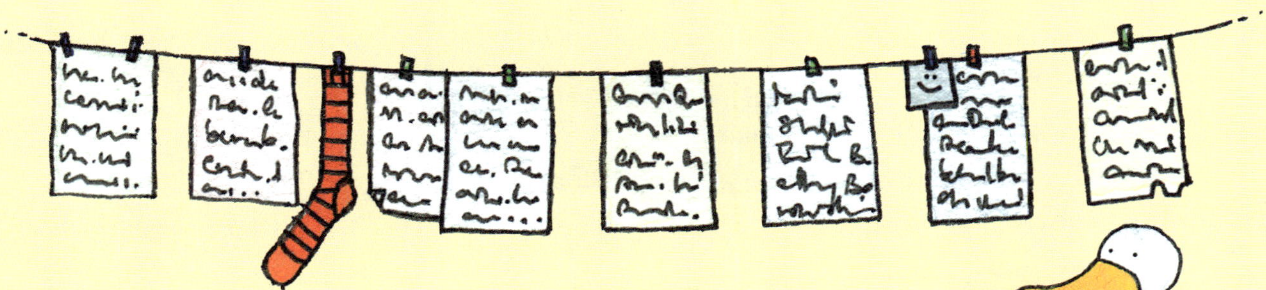

Tipps für das richtige Abschreiben

1. Lies ein Wort oder einen Satz aufmerksam. Versuche, den Sinn zu verstehen.
2. Achte dabei auf schwierige Stellen.
3. Merke dir das Wort, den Satzteil oder den Satz gut.
4. Schreibe das Wort, den Satzteil oder sogar den ganzen Satz auf.
5. Vergleiche mit deiner Vorlage.
6. Verbessere, falls notwendig.

Der lange i-Laut

1 Unterstreiche alle Wörter, die mit langem i-Laut gesprochen werden.

2 Umkreise dann alle Wörter, die einen langen i-Laut haben und mit **ie** geschrieben werden.

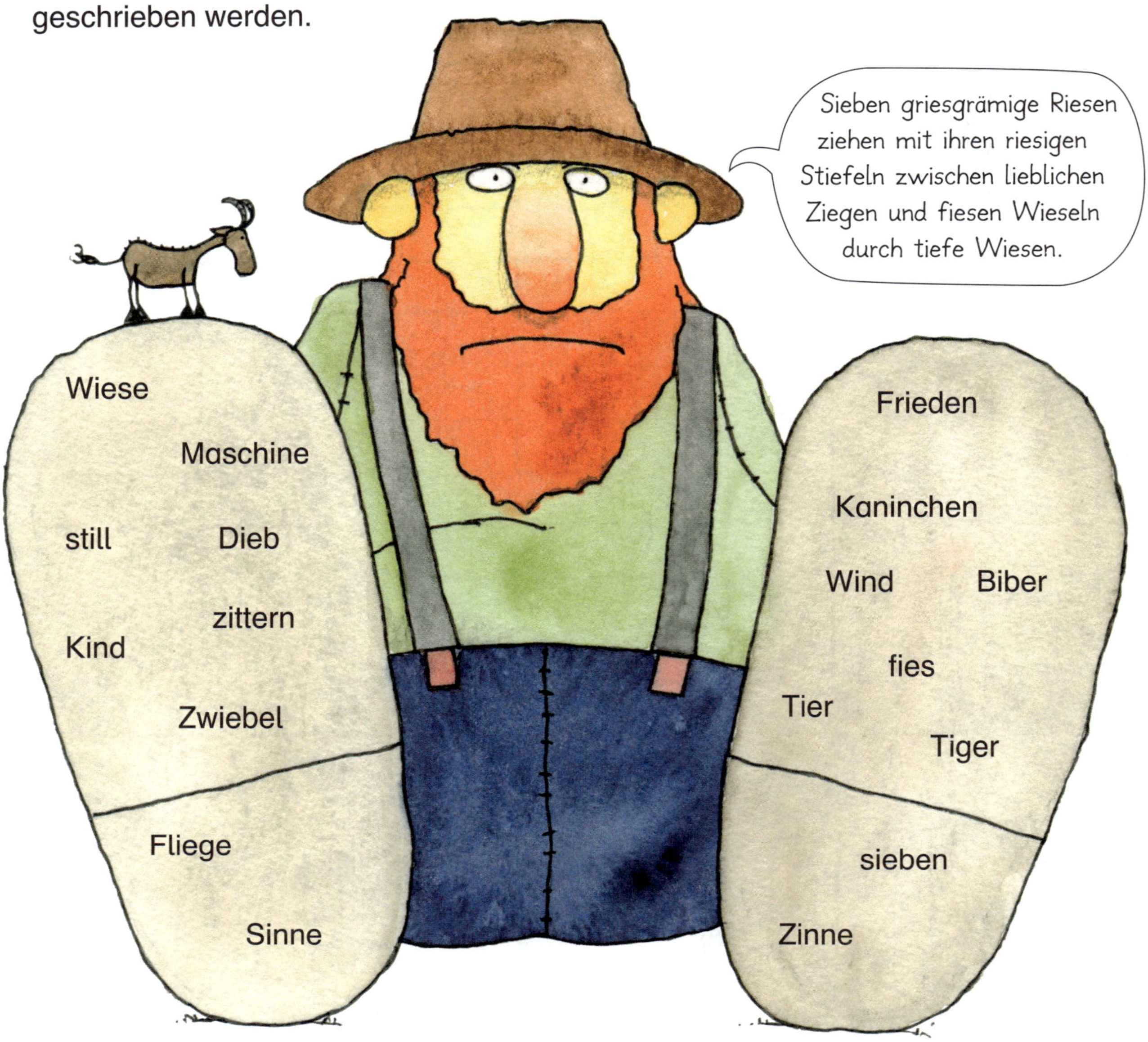

3 Der Riese hat mit seinen Siebenmeilenstiefeln die Steine zertreten. Kannst du die Wörter trotzdem lesen? Schreibe sie richtig auf.

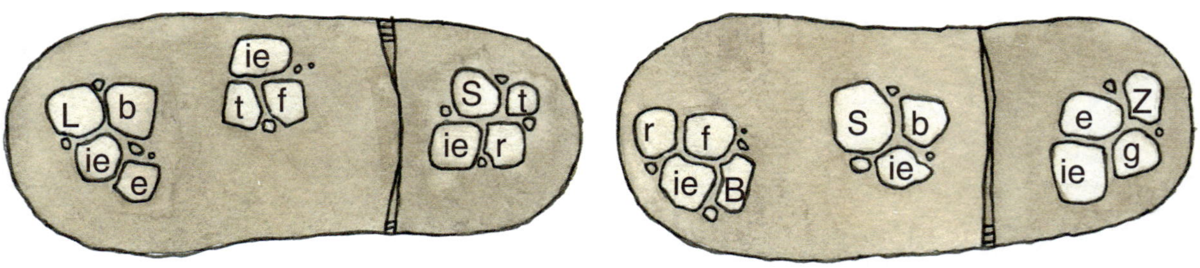

Bastelanleitung für Karten

Diese Karten kannst du deinen Eltern und Freunden schenken. Vielleicht möchtest du dich für etwas bedanken, jemandem zum Geburtstag gratulieren oder Mut machen.

1 Male die Karte nach Anleitung aus.

Pele steht auf einem gelben Siegertreppchen.
Er hat ein grünes Trikot mit roten Streifen an.
Unter dem Trikot trägt Pele ein blaues T-Shirt.
Er hat eine rote Mütze auf dem Kopf.

2 Bastle eine Karte.

Du brauchst:

- Pappe
- Klebstoff
- eine Schere und ein Cutter-Messer
- Malstifte

Und so geht es:

1. Schneide eine Karte von Seite 61 an der gestrichelten Linie aus.
2. Klebe sie dann auf ein Stück Pappe und schneide sie nochmals aus.
3. Male das Bild farbig aus.
4. Schneide dann mit dem Cutter-Messer an der blauen Linie ein.
5. Wenn du die Karte nun in der Mitte knickst, steht Pele nach oben.
6. Schreibe noch einen passenden Spruch oder Gruß auf die Karte.

Achtung, das Messer ist scharf.
Lass dir am besten von einem Erwachsenen helfen.
Vergiss die Unterlage nicht, damit du nicht in den Tisch schneidest.

Sätze und Satzzeichen

1 Pele hat dir eine Flaschenpost geschickt. Leider ist aber das Papier zerrissen. Kannst du die Botschaft trotzdem lesen? Schreibe die Sätze richtig auf.

auf einer | Ich bin | gestrandet. | einsamen Insel

langweilig. | Ich fühle mich | einsam | und | es ist

Wer | besuchen? | kommt mich

2 Pele hat die Punkte an den Satzenden vergessen. Kannst du sie für ihn setzen? Denke daran, dass am Satzanfang immer großgeschrieben wird. Kreise den ersten Buchstaben der Sätze ein.

zuerst musst du über das große Meer paddeln meine einsame Insel erkennst du an den zwei Palmen ich habe zwischen ihnen eine Hängematte aufgehängt beim Buddeln im Sand habe ich eine alte Schatztruhe gefunden ich zünde ein großes Feuer an, damit du meine Insel besser findest

3 Welche ist Peles einsame Insel? Male sie bunt an.

Einen Text verstehen

Zentimetersorgen

Anna und Berta waren gleich alt.
Anna war für ihr Alter um zwanzig Zentimeter zu groß. Worunter sie sehr litt.
Berta war für ihr Alter um zwanzig Zentimeter zu klein. Worunter sie sehr litt.
Anna und Berta schlossen Freundschaft miteinander, und alle anderen meinten: „Die zwei passen ja ganz unmöglich zusammen!“ Die zwei passten aber sehr gut zusammen. Weil geteiltes Leid halbes Leid ist.
Und weil jede, für sich allein, ein Zwanzig-Zentimeter-Leid hatte, wurde daraus, wenn sie zusammen waren, ein Zehn-Zentimeter-Leid. Auch wenn alle anderen bloß den Vierzig-Zentimeter-Unterschied sahen.

Christine Nöstlinger

1 Warum hatten Berta und Anna, wenn sie zusammen waren, nur ein „Zehn-Zentimeter-Leid“?

____

____

2 Welche Sätze stimmen? Kreuze an.

☐ Anna war so alt wie Berta. ☐ Berta war für ihr Alter zu groß.
☐ Aber daraus machte sie sich nichts. ☐ Anna und Berta wurden Freundinnen.
☐ Berta war zwanzig Zentimeter kleiner als Anna.

3 Wer ist wer? Finde die Namen der Kinder heraus.

Tim steht nicht neben seinem Bruder.
Jan ist kleiner als sein Bruder.
Max ist ein Einzelkind.

Wörter mit v

1 **v/V**, **w/W** oder **f/F**? Trage den richtigen Buchstaben ein.

lagge ielleicht lugzeug inter

Pullo er ampir ackel erflucht

ledermaus ahne ulkan urcht ald

enster ind ollmond liegen erlies

orsicht olke ase

A	H	B	V	N	L	D	U	S	O	P	K
V	I	E	L	L	E	I	C	H	T	U	R
V	U	R	T	I	A	E	C	P	E	L	V
O	V	A	M	T	G	V	O	T	U	L	A
L	Q	V	U	L	K	A	N	N	F	O	S
L	P	A	G	E	M	M	T	U	L	V	E
M	V	S	D	B	X	P	O	L	A	E	T
O	A	V	E	R	L	I	E	S	U	R	S
N	M	H	I	S	O	R	G	F	M	Z	P
D	Y	K	S	L	R	N	X	V	O	W	N
U	H	W	V	E	R	F	L	U	C	H	T
T	U	A	L	B	C	Z	S	U	E	K	E
F	W	V	O	R	S	I	C	H	T	S	M
G	E	E	A	B	S	K	L	J	B	F	C

Pronomen

Er, sie, es sind Pronomen.

1 Setze die fehlenden Pronomen ein.

Die Ureinwohner Nordamerikas nennt man Indianer. ____ lebten dort schon lange, bevor die Europäer Amerika entdeckten. Bei den Indianern hatte jedes Kind schon früh Aufgaben zu erledigen. ____ musste den Erwachsenen bei vielen Arbeiten helfen. Ein Junge ging mit den Männern zur Jagd. Dabei lernte ____, wie man Bisons jagt. Eine Tochter half ihrer Mutter im Haushalt. ____ lernte Kochen und Handarbeiten. Auch bei der Feldarbeit musste ____ helfen.

2 Finde für die Pronomen die passenden Nomen. Trage sie in den Wappenpfahl ein. Die Wörter unten helfen dir dabei.

1. Sie gab es in Amerika noch nicht, bevor die Europäer sie mitbrachten.
2. Sie wurden häufig von den Indianern gejagt.
3. Es ist eine Behausung von vielen Indianern.
4. Er ist eine Waffe für die Jagd.
5. Sie wurde oft bei wichtigen Besprechungen geraucht.

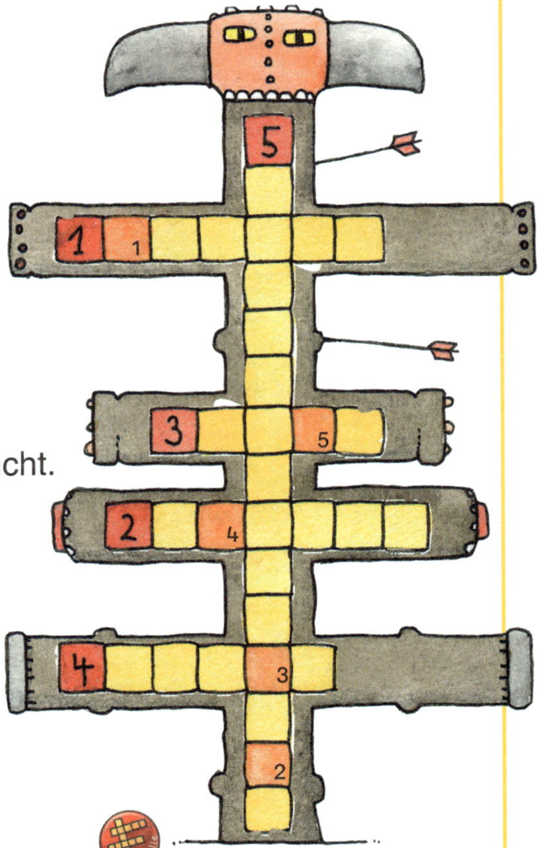

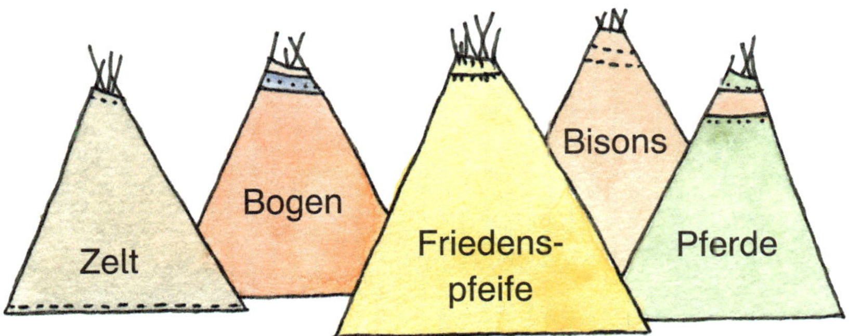

Er wird mit dem Bogen abgeschossen: ____ ____ ____ ____ ____
1 2 3 4 5

Adjektive steigern

1 Welche Wörter gehören zusammen? Verbinde möglichst mit den passenden Farben.

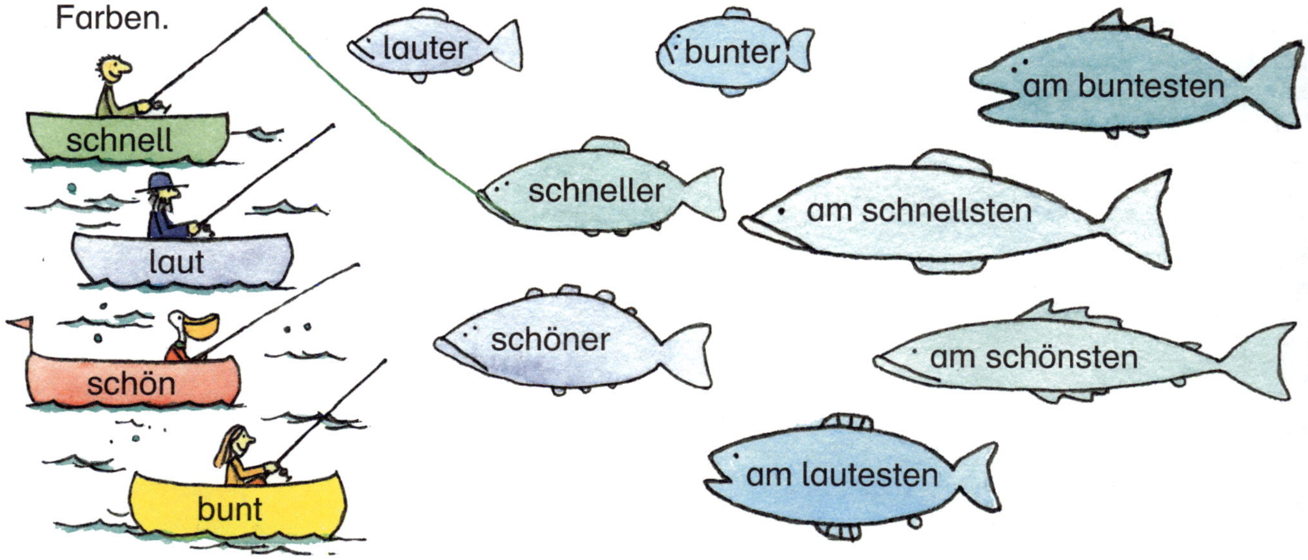

2 Setze die Adjektive in der richtigen Form ein.

schnell

Der Segelfisch ist der ____________ Fisch, den es gibt.

Ein Hai kann nicht so ____________ schwimmen,

aber immer noch ____________ als die meisten Fische.

alt

Papageien können sehr ______ werden. Allerdings werden Wale noch ________.

Aber das Tier, das ____________ werden kann, ist die Riesenschildkröte.

groß

Pferde sind sehr ____________ Tiere. Kamele sind noch ____________,

aber ____________ werden Elefanten.

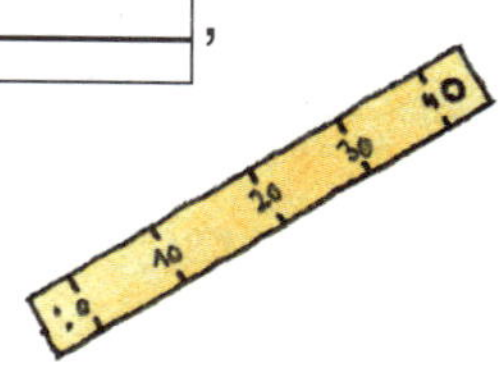

1 Sortiere die Wörter in die Tabelle.

Sommer
schwimmen
schlafen
Krake
Himmel
Spaß
buddeln
Wasser
Schiff

kurzer Selbstlaut •	**langer Selbstlaut** –

Nach einem kurzen Selbstlaut folgen mindestens ☐ Mitlaute.

2 Pele hat seiner Oma eine Postkarte aus dem Urlaub geschrieben. Ein paar Wasserflecke haben den Text verschmiert. Setze die fehlenden Buchstaben ein.

Liebe Oma,

hier ist es ganz to__.
Die So__e scheint den ganzen Tag.
Heute war ich im Meer schwi__en.
Eigentlich wo__te ich mir die Fische anschauen.
Ich habe aber meine Taucherbri__e verge__en.
Am Abend e__e ich i__er Pi__a.
Ich wünsche Dir noch einen schönen So__er.

Bis bald und ganz liebe Grüße
Dein Pele

Oma Pele
Im Vogelnest 12

Fischhausen

1 Schreibe die passenden Wörter mit **ie** unter die Bilder.

2 Finde bei diesen Sätzen die Satzanfänge und die Satzenden: Kreise den ersten Buchstaben der Sätze ein. Setze die Punkte an den Satzenden.

heute hat Pele Geburtstag er bekommt Besuch dafür hat er einen Kuchen gebacken Pele packt viele Geschenke aus dann setzen sich alle an den Tisch Pele holt den Kuchen doch was für ein Ärger der Kuchen ist ganz schwarz und verbrannt zum Glück hat Pele noch Eis im Kühlschrank das essen nun alle

3 Setze die fehlenden Pronomen ein.

Timo freut sich. ______ hat ein neues Fahrrad bekommen.

Sina ist krank. Deshalb bleibt ______ im Bett.

Das Kaninchen frisst seit einigen Tagen nicht mehr. ______ muss zum Tierarzt.

Oma und Opa kommen zu Besuch. ______ haben uns eine Überraschung mitgebracht.

4 Prüfe, ob ein oder zwei Mitlaute fehlen.

Ha er (m) Na el (g) Kle e (m) Sä e (g)

Schlü el (s) Me er (s) Schrau e (b) Boh er (r)

1 Pele hat sich fotografieren lassen. Immer zwei Fotos sind gleich. Verbinde sie. Ein Foto kommt nur einmal vor. Umkreise es.

Tipps für tolle Geschichten

Ideen für Geschichten zu finden, ist gar nicht so schwer, wie du denkst. Mit diesen Tipps fällt dir bestimmt immer etwas ein.

Stichwortgeschichte
Schreibe ganz viele unterschiedliche Wörter auf Zettel. Ziehe dann drei oder mehr Zettel. Denke dir zu den gezogenen Wörtern eine Geschichte aus.

Gegenstände erzählen lassen
Suche dir einen Gegenstand (Stift, Becher, Schuh …) aus. Was könnte er wohl schon alles erlebt haben?

Partnergeschichte
Schreibe immer abwechselnd mit einem Partnerkind einen Satz auf ein Blatt. Knickt das Blatt nach jedem Satz nach hinten weg. So wisst ihr nicht, was der andere geschrieben hat. Es entstehen so die lustigsten Geschichten.

Wörter richtig einsetzen

1 Welche Wörter passen nicht in die Geschichte? Streiche sie durch. Findest du unten die richtigen Wörter? Schreibe sie über die durchgestrichenen Wörter.

Heute gehen Pele und Lola in den Supermarkt. Sie sind schon gespannt auf die vielen Tiere. Zuerst gehen sie zu den Affen. Die haben einen langen Rüssel. Damit hangeln sie sich von Ast zu Ast. Einige Affen tragen ihre Taschen auf dem Rücken.

Pele mag besonders die Löwen. Er findet es toll, wenn sie ihr riesiges Maul aufreißen und laut kreischen.

Lola geht am liebsten zu den Giraffen. Weil sie so einen langen Schwanz haben, können sie die Blätter von den hohen Häusern fressen.

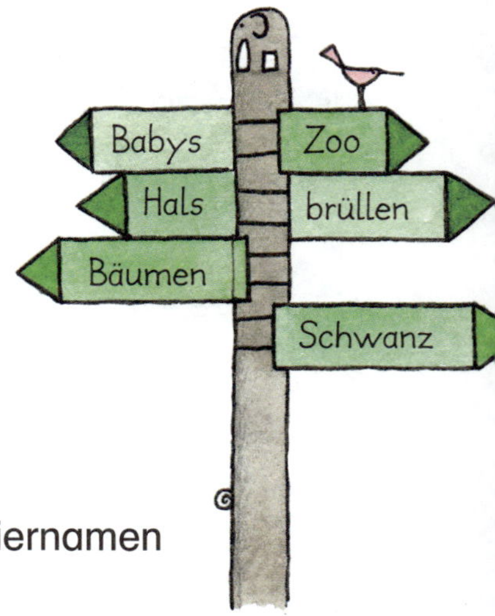

2 Und was ist das für ein merkwürdiges Tier? Schreibe die Tiernamen auf, die sich in diesem Giraffifanten verstecken.

1 **ng** oder **nk**? Kreuze an.

2 Wer gehört zusammen? Male die Kärtchen in der passenden Farbe aus.
Schreibe die Wörter auf.

krän | vermen | trin | sprin | sen | hän | sin | den | dün | schen | fan | sin

gen **ken**

Wortfamilien

Wörter mit demselben Wortstamm gehören zu einer Wortfamilie:
fahren **Fahr**rad be**fahr**en.

1 Schreibe die Wortfamilien getrennt auf.
Unterstreiche in jedem Wort den Wortstamm.

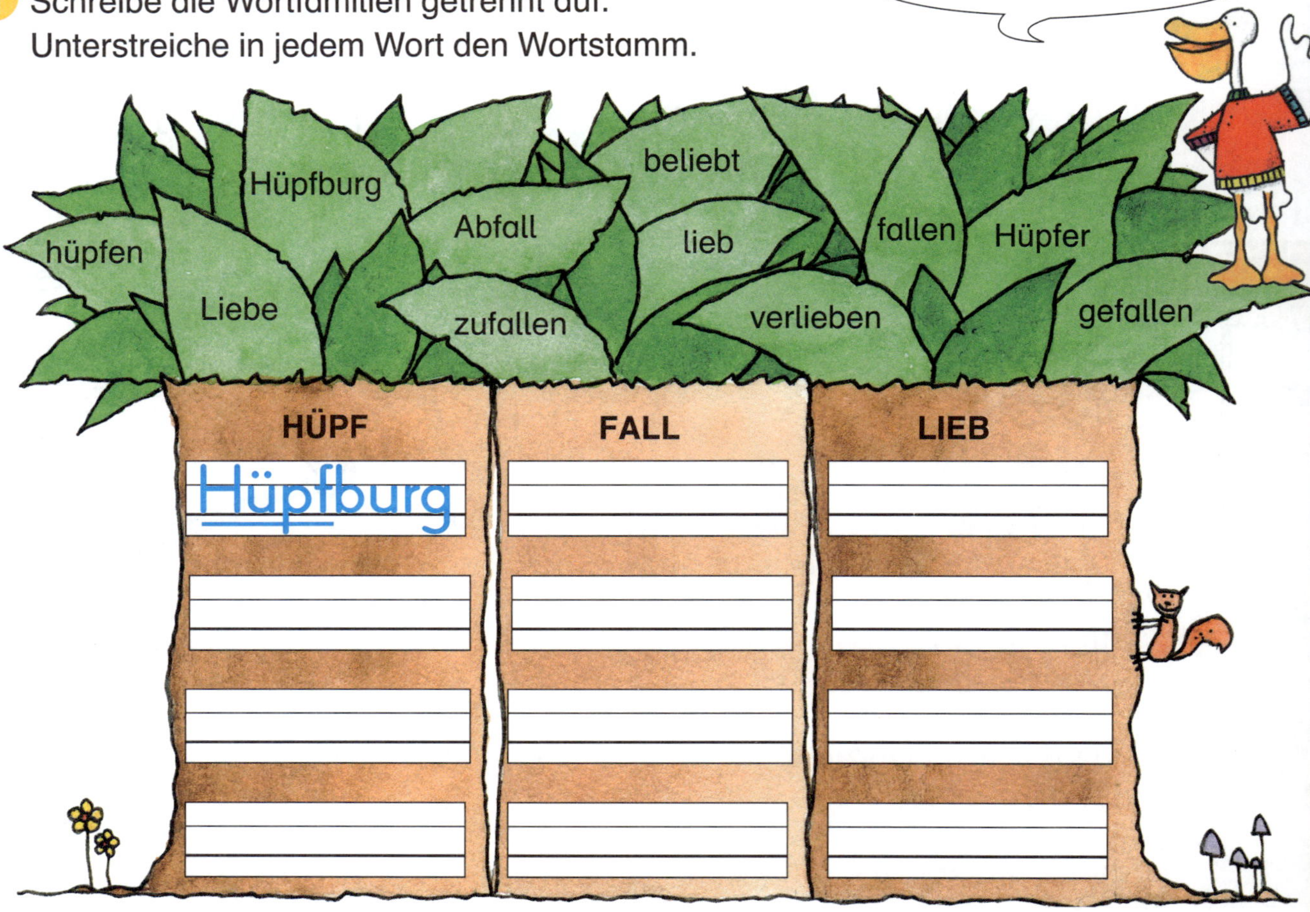

2 Welche Wörter gehören zu einer Wortfamilie? Male sie in derselben Farbe an.

verlaufen · Fernseher · Auslauf · Läufer · weglaufen · Sehtest · Spieler · zusehen · Spiel · spielen · laufen · Ablauf

3 Welches Wort passt nicht in die Reihe? Streiche es durch.

stellen Bestellung abstellen einstellen ansteigen unterstellen

besitzen Sitz schwitzen sitzen Sitzung Besitzer absitzen

abschreiben Schreibheft schreien verschreiben aufschreiben

Merksatz merken Merkblatt Merkhilfe meckern bemerken

HEUTE

Kino 1 · Die Fußballkids

Aufregung bei den Fußballkids: Ihr Trainingsplatz soll verkauft werden. Das wollen die Freunde auf alle Fälle verhindern. Dabei hilft ihnen ihr Mut und ein ganz besonderer Fußballfan.

Kino 2 · Hexe Lilo hext wieder

Hexe Lilo hat aus Versehen ihren Lehrer verzaubert – in ein Kaninchen. Die ganze Klasse steht Kopf. Wie will man denn von einem Kaninchen Rechnen und Schreiben lernen? Lilo muss ihre Tante, die Oberhexe, um Hilfe bitten, aber leider ist alles gar nicht so einfach.

Der Film hat Überlänge.

Eintrittspreise	
Erwachsene	8,00 €
Kinder unter 14 Jahren	6,00 €
Gruppen ab 6 Personen	5,00 € (pro Person)
Zuschlag für Überlänge	1,50 €

Erdnüsse 1,00 €

Popcorn 2,00 €

Chips 50 ct

Limonade 1,50 €

1 Die fünf Freunde aus der 2 a möchten sich den Film ansehen, in dem ein Kaninchen mitspielt.

Wie viel muss jedes Kind für eine Kinokarte bezahlen? ☐ Euro

2 Jedes Kind darf 3 Euro für Leckereien ausgeben. Was bekommt man dafür? Kreuze an.

- ☐ 1 Tüte Popcorn und 1 Tüte Erdnüsse
- ☐ 1 Tüte Chips, 1 Tüte Erdnüsse und 1 Limonade
- ☐ 3 Tüten Chips und 2 Tüten Erdnüsse

3 Als Nächstes steht eine Gruppe mit sechs Kindern aus der 2 c an der Kasse. Sie möchten den Film sehen, in dem die Freunde besonders viel Mut brauchen.

Wie viel müssen die Kinder zusammen bezahlen? ☐ Euro

Adjektive mit -ig und -lich

1 Finde heraus, ob die Adjektive mit **-ig** oder mit **-lich** enden.

Der Clown ist fröh ___ .
der fröh ___ Clown

Der Clown ist traur ___ .
der traur ___ Clown

Der Clown ist ängst ___ .
der ängst ___ Clown

2 **-ig** oder **-lich**? Verbinde möglichst mit den passenden Farben.

3 Aus welchen Wörtern kannst du Adjektive bilden, indem du **-ig** oder **-lich** anhängst? Umkreise die Wörter mit einem farbigen Stift. Schreibe die Adjektive auf.

Herz, Witz, Fleiß, Traum, Husten, Gefahr, Angst, Schmutz, Spannnung, Hilfe

___

___

Wörter mit qu, ß und ch

1 Finde heraus, welche Wörter mit **qu/Qu** gesucht werden.

1. ☐ ☐ ☐ ☐ ☐ ☐ (1, 3)
2. ☐ ☐ ☐ ☐ ☐ ☐ ☐ (2)
3. ☐ ☐ ☐ ☐ ☐ (5, 4)
4. ☐ ☐ ☐ ☐ ☐ ☐ ☐ ☐ ☐ ☐ (6)

1. Das ist ein Meerestier.
2. Damit verständigen sich Schweine.
3. Das essen viele gern auf ihrem Frühstücksbrötchen.
4. Das machen manche Türen. Dann müssen sie geölt werden.

Ein Rechteck mit vier gleich langen Seiten ist ein ☐ ☐ ☐ **d** ☐ ☐ ☐ .
(1 2 3 d 4 5 6)

2 Diese Wörter werden alle mit **ß** geschrieben. Schreibe sie auf.

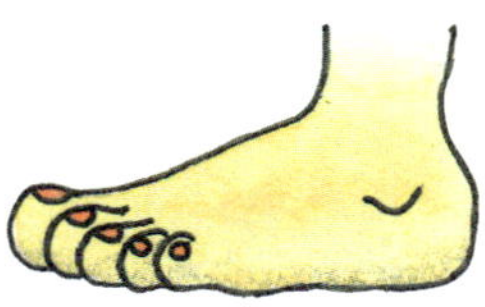
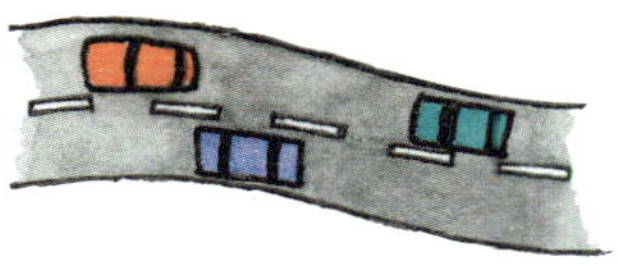

3 Hier haben sich Wörter mit **ch** versteckt. Umkreise sie.

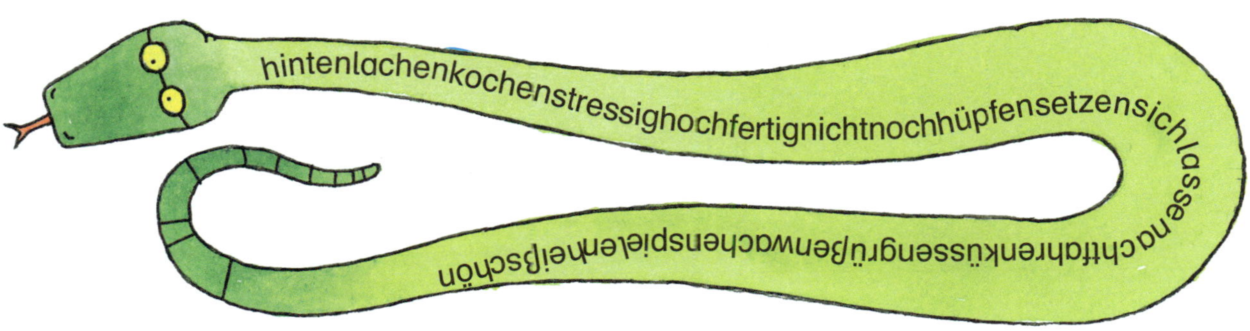

Einen Text gliedern

1. Lies den Text. Gliedere ihn dann in sinnvolle Abschnitte, indem du ihn mit einem roten Stift aufteilst. Nummeriere die Abschnitte.

2. Ordne die Überschriften dem jeweils passenden Abschnitt zu.

☐ **So leben Eisbären**

☐ **Das fressen Eisbären und so jagen sie**

☐ **So ziehen Eisbären ihre Jungen auf**

☐ **So sehen Eisbären aus**

Eisbären

Eisbären können etwa drei Meter groß werden und wiegen bis zu 800 Kilogramm. Sie haben ein dichtes, wasserabweisendes Fell und eine dicke Fettschicht. Zwischen den Zehen haben Eisbären Schwimmhäute, sodass sie ihre Füße beim Schwimmen wie Paddel benutzen können. Eisbären fressen am liebsten Fische und Robben. Sie fangen ihre Beute von einer Eisscholle aus. Damit die Robben den Eisbären nicht sofort an seiner schwarzen Nase erkennen, deckt der Bär sie mit seiner Tatze ab. Eisbärinnen bekommen ihre Jungen in Schneehöhlen. Meistens sind es zwei Babys. Die Eisbärenmutter kümmert sich zwei bis drei Jahre um ihre Jungen, bis sie selbstständig geworden sind. Erwachsene Eisbären sind meist Einzelgänger. Sie sind tagaktiv und wandern oft stundenlang über weite Strecken.

3. Welcher Text muss unter dieser Überschrift stehen? Recherchiere in Büchern und im Internet.

Dort leben Eisbären

____

1 Pele hat die Fensterscheibe zerschossen. Kannst du die Sätze trotzdem lesen? Ordne die Satzteile und schreibe die Sätze auf.

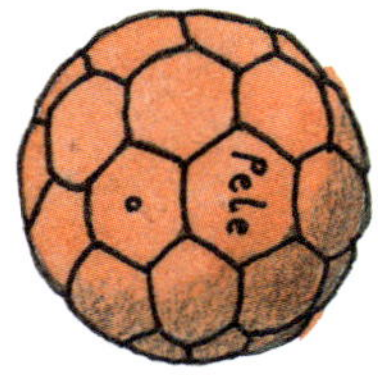

beim Fußball | die Tore. | Die Stürmer | schießen

das Tor. | Der Torwart | verteidigt

mit den meisten Treffern | gewinnt. | Das Team

2 Bei diesen Sätzen fehlt doch etwas. Setze entweder einen Punkt oder ein Fragezeichen an das Satzende. Verbinde die Fragen mit der passenden Antwort.

Wie viele Spieler sind in einer Fußballmannschaft

Wie heißt der Chef einer Mannschaft

Nur der Torwart darf den Ball mit der Hand berühren

In einer Mannschaft sind 11 Spieler

Dürfen die Spieler den Ball mit der Hand berühren

Der Chef der Mannschaft ist der Kapitän

Fröhliche Fußballer frieren bei pfeifendem Wind auf dem frostigen Fußballfeld.

Ein Gedicht vortragen

Udakak · Krokodil

Ein großes grünes Lidokork,
Das badete im Nil.
Dann stieg es rückwärts aus dem Fluss
– und war ein Krokodil.
Da rennt zum kleinen Udakak
Das grüne Ungetüm.
„Flieg rückwärts aus dem Wald heraus!“,
Befiehlt es ungestüm.
Der Kleine schüttelte den Kopf.
Er war zu faul dazu.
Drum wurde aus dem Udakak
Niemals ein Kakadu.

Paul Maar

1 Lerne das Gedicht auswendig. Übe, es vorzutragen.
Hier ein paar Tipps dazu:

- Lass dir Zeit. Sprich langsam und deutlich.
- Mache passende Bewegungen zum Text.
  Laufe zum Beispiel rückwärts oder schüttle den Kopf, wenn es im Text vorkommt.
- Mache ein passendes Gesicht zum Text.
  Schau zum Beispiel fröhlich, traurig, müde … aus, je nachdem, wie es gerade zum Text passt.

2 Welche Tiere sind denn hier gemeint?

Ewöl ______ Tnafele ______ Drapoel ______

Regit ______ Eztak ______ Lekref ______

3 Und wie heißen diese Tiere, wenn du ihre Namen von hinten nach vorne schreibst?

 ______

 ______

 ______

1 Finde die zusammengehörigen Silben. Schreibe alle Wörter auf.

2 Finde alle Wörter, die mit **pf** enden. Male diese als Regentropfen blau an.
Schreibe die Wörter dann in die Regenschirme.

1 Mit **ng** oder mit **nk**? Beschrifte die Bilder.

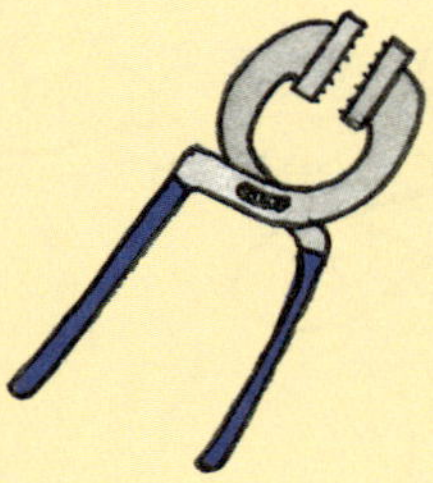

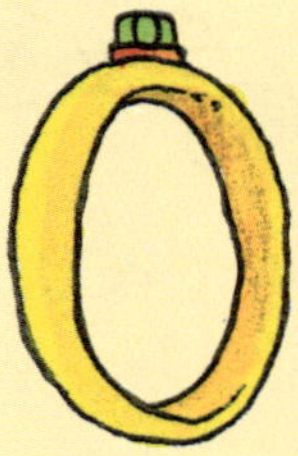

2 Bilde aus den Wörtern Adjektive, die auf **-ig** oder **-lich** enden.

grün Mehl Dreck

empfinden Fett Herr

3 Beschrifte die Bilder.

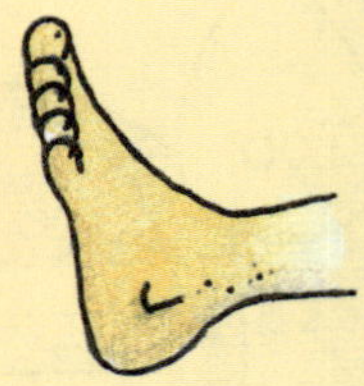

4 Setze die richtigen Satzzeichen.

Pele macht gern Sport
Und was ist seine liebste Sportart
Er fährt am liebsten Ski
Es macht ihm besonders viel Spaß, wenn es gerade geschneit hat
Fährt er auch gern bei Nebel Ski
Nein, da ist es ihm zu ungemütlich

5 Werden die Wörter mit **f/F** oder **pf/Pf** geschrieben? Setze richtig ein.

☐liegen ☐lege ☐erd ☐ahren ☐aust

☐ohlen ☐anne ☐allen ☐ackel ☐ote

1 Findest du alle Tiere im Dschungel? Schreibe ihre Namen auf.

Tipps für die Konzentration

Beim Lernen ist es wichtig, dass du dich gut konzentrieren kannst. Pele gibt dir einige Tipps. Leider weiß er nicht mehr, welche Überschrift zu welchem Text gehört. Verbinde.

Genug trinken und gesunde Snacks essen

Die richtige Zeit wählen

Ruhe im Raum

Pausen machen

Finde heraus, wann du am besten lernen kannst.

Beim Lernen brauchst du viel Energie. Trinke genug Wasser oder Tee. Ein Stück Obst oder Gemüse gibt wieder neue Kraft.

Pele!

Achte darauf, dass keine Musik und kein Fernsehgerät läuft.

Nach 20 bis 30 Minuten solltest du eine kleine Pause machen. Steh auf und bewege dich ein wenig.

Wortarten erkennen

1 Nomen, Verb oder Adjektiv? Ordne die Wörter in den richtigen Koffer ein.

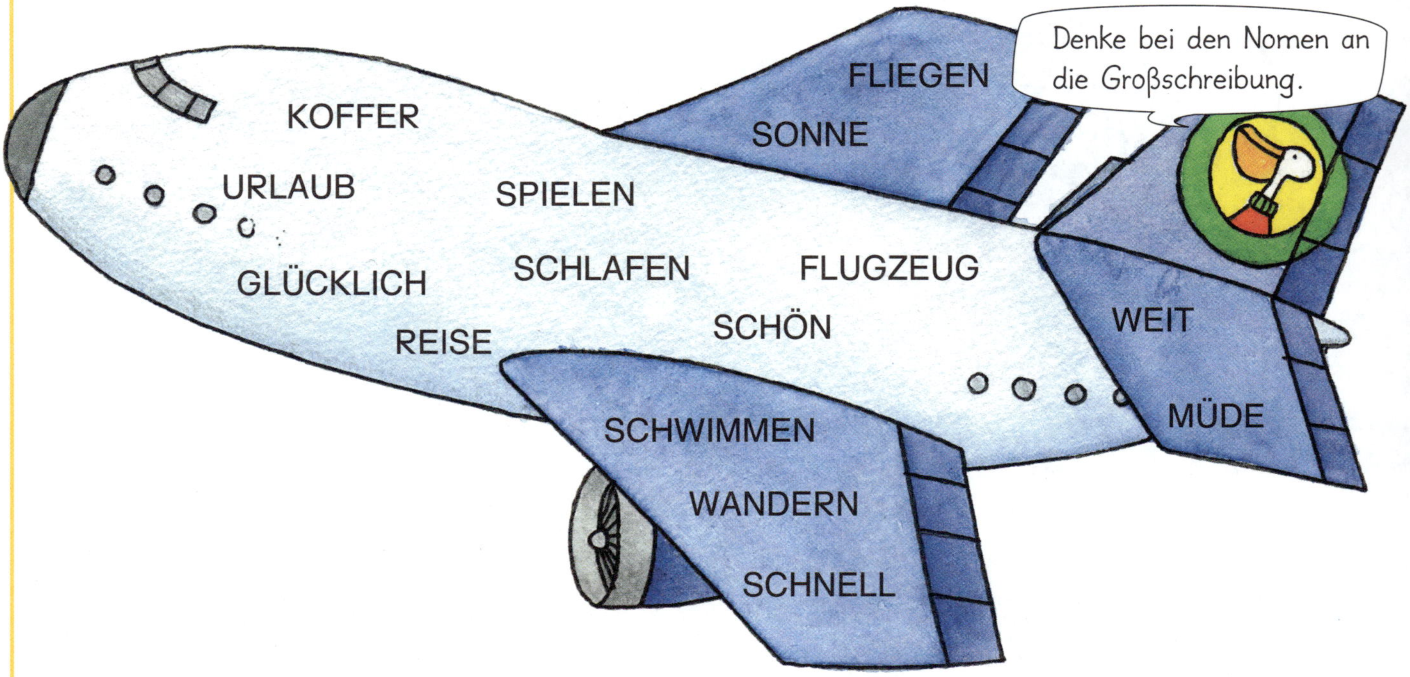

2 Bastle den Würfel von Seite 63 zusammen. Würfle und löse dann die jeweilige Aufgabe. Noch mehr Spaß macht das Würfelspiel zusammen mit einem Partnerkind. Wer zuerst die Aufgaben von allen Würfelseiten gelöst hat, gewinnt. Ihr könnt auch mit einem zweiten Spielwürfel die Anzahl der Nomen, Verben … bestimmen.

Duden

Mein Trainingsheft Deutsch 2
Lösungen

Erarbeitet von Petra Mönning und Silke Schwetschenau

DUDEN PAETEC Schulbuchverlag
Berlin, Frankfurt a. M.

1 Trage die fehlenden Buchstaben ein.
Schreibe passende Wörter in die Waggons.

In meiner Küche gibt es Becher, einen Backofen und eine Bratpfanne. Welche Dinge gibt es bei dir mit B?

1 Verbinde die Buchstaben in der Reihenfolge des Abcs.
Du kannst die Figur dann auch ausmalen.

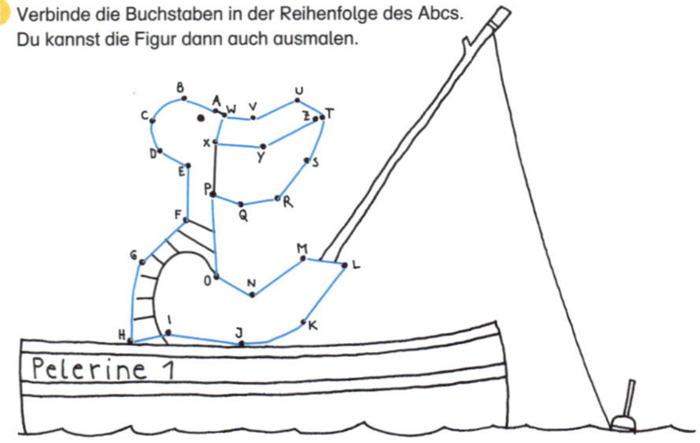

2 Entschlüssle mithilfe des Codes die Geheimbotschaft unten.

A	B	C	D	E	F	G	H	I	J	K	L	M
1	2	3	4	5	6	7	8	9	10	11	12	13

N	O	P	Q	R	S	T	U	V	W	X	Y	Z
14	15	16	17	18	19	20	21	22	23	24	25	26

16 5 12 9 11 1 14 5   5 19 19 5 14   7 5 18 14   6 9 19 3 8 5.

PELIKANE ESSEN GERN FISCHE.

3 Kannst du auch solche Geheimbotschaften schreiben?

1 Ordne die Wörter nach dem Abc.

1 Buch
2 Füller
3 Heft
4 Lineal
5 Mappe
6 Papier
7 Radiergummi
8 Stift

2 Ordne die Wörter nach dem Abc. Achte auf den zweiten und dritten Buchstaben.

Blume	Ball	Regen	reden
Ball	Berg	rudern	Regen
Berg	Blume	Rost	Rost
Brett	Brett	reden	rudern

Lege ein Abc-Heft an. Darin kannst du deine Merkwörter eintragen.

1 Was reimt sich? Verbinde.

2 Welche Wörter fehlen?

Regen, raus, Maus, Bergen, Haare, Haus, Buch, Kind, Kuchen

Schneewittchen wohnt bei den sieben Zwergen,
weit hinter den sieben Bergen.

Dornröschen schlief hundert Jahre.
Wuchsen bei ihr eigentlich die Haare?

Das Mädchen im „Sterntaler“ bringt den Menschen Segen.
Die Taler fallen vom Himmel wie Regen.

Hänsel und Gretel tricksen die Hexe aus
und kommen so aus ihrem Gefängnis raus.

Rumpelstilzchen ist klein und geschwind.
Die Müllerstochter verspricht ihm ihr Kind.

Flotte Fledermäuse flattern flink im Flugzeug.
Flinke Fliegen flitzen fleißig durch den Flur.

Wer kann die Sätze am schnellsten lesen?

1 Welche Wörter haben sich in den S-Bahnen versteckt?
Trenne sie mit einem Strich. Umkreise dann die Nomen rot.

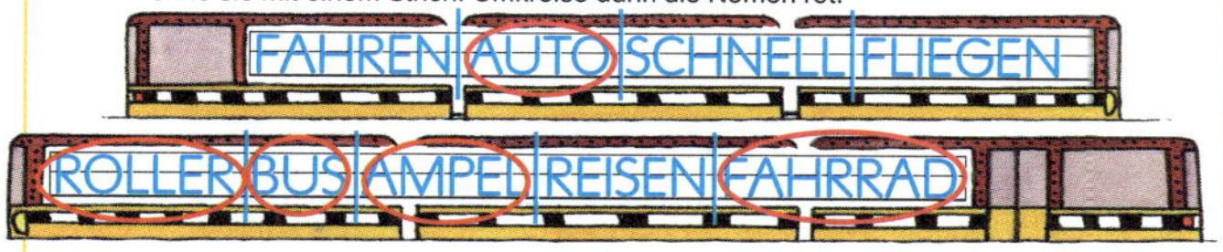

2 Schreibe die Nomen mit dem Artikel in der Einzahl und in der Mehrzahl auf.

Einzahl	Mehrzahl
das Auto	die Autos
der Roller	die Roller
der Bus	die Busse
die Ampel	die Ampeln
das Fahrrad	die Fahrräder

3 Hier stimmt doch etwas nicht. Schreibe den Text richtig auf.

Pele steht an der straße und möchte auf die andere seite gehen. Er sucht zuerst nach einem zebrastreifen. Dann schaut er, ob ein auto kommt. Alles frei!

Pele steht an der Straße und möchte auf die andere Seite gehen. Er sucht zuerst nach einem Zebrastreifen. Dann schaut er, ob ein Auto kommt. Alles frei!

1 Setze die bestimmten und unbestimmten Artikel ein.

eine ein einem dem ein eine eine der einen den einem der die die dem dem einem den

An einem schönen Sommertag macht Pele einen Ausflug. Er trifft sich mit einem Freund. Der Freund heißt Toto. Mit einem Picknickkorb unter dem Arm geht es los. Toto und Pele laufen durch den Wald, bis sie an eine Wiese kommen. Sie setzen sich auf die Wiese und packen den Picknickkorb aus. Plötzlich hören sie ein Geräusch. Vor ihnen steht ein Stier. Der Stier schnuppert an dem Korb. Da hat Pele eine Idee. Er gibt dem Stier eine Möhre. Glücklich knabbert er die Möhre und trottet davon.

2 Verbinde die passenden Puzzleteile.

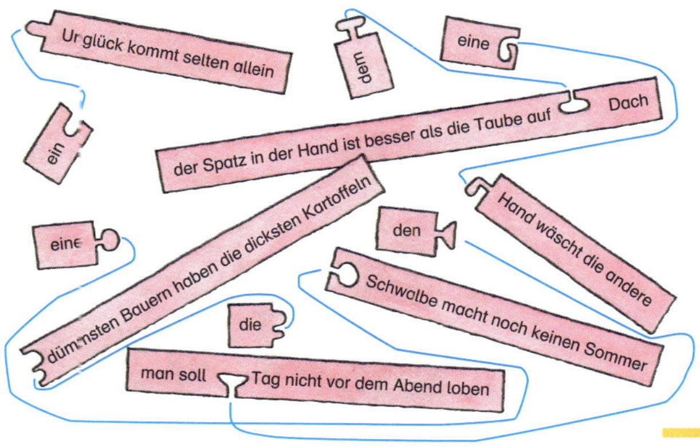

1 Die Tiere haben ihre Selbstlaute vertauscht.
Schreibe die Tiernamen richtig auf.

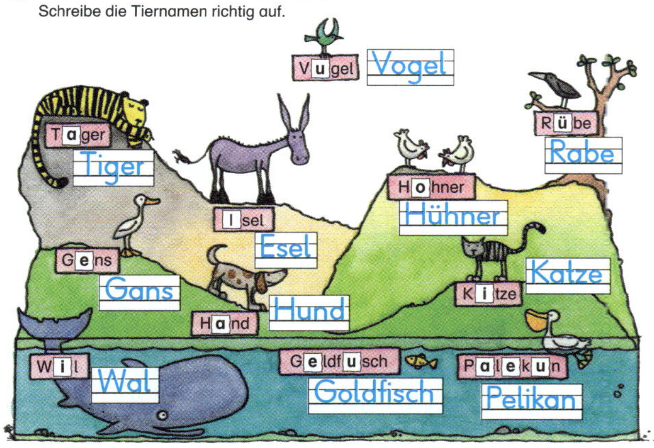

2 Kurzer oder langer Selbstlaut?
Male einen Punkt für einen kurzen Selbstlaut oder einen Strich für einen langen Selbstlaut in die Kästchen.

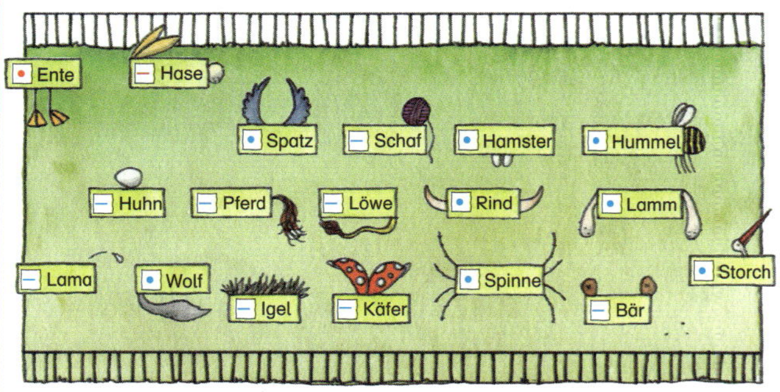

1 Setze die fehlenden Umlaute ein.

ä ö ü

2 Schreibe die Geschichte weiter.
Benutze dabei möglichst viele Wörter mit Umlauten.

Es war einmal ein Bär. Der hatte den ganzen Winter in einer gemütlichen Höhle geschlafen. Nun kam der Frühling und der Bär streckte und räkelte sich. Nach dem Winter freute er sich über die wärmenden Sonnenstrahlen. Übermütig verließ er seine Höhle. Es war Zeit für ein kräftiges Frühstück. Gewöhnlich aß der Bär am liebsten süßen Honig. Doch wo konnte er die Süßigkeit finden? Der Bär grübelte und grübelte.

3 Trage ein. Alle Wörter enthalten einen Doppellaut.

au ei eu äu

Man bekommt sie von einem Stoß oder Schlag. Oft hat man sie an der Stirn. Sie tut weh. B e u l e (1)

Es ist ein Vogel. Er ist nachts wach. Er kann sehr gut hören und sehen. E u l e (5)

Das mögen Autofahrer nicht. Sie müssen dann warten. Das passiert, wenn viele Autos die gleiche Straße benutzen. S t a u (3)

Damit kann man sich waschen. Sie rutscht leicht aus der Hand. S e i f e (4)

Viele Menschen essen es zum Frühstück. Zum Backen braucht man viele davon. E i (2)

Lösung: Jemand, dem sein Aussehen sehr wichtig ist, ist e i t e l (1 2 3 4 5)

Silben erkennen

1 Welche Obst- und Gemüsesorten haben sich hier versteckt? Verbinde die Silben.

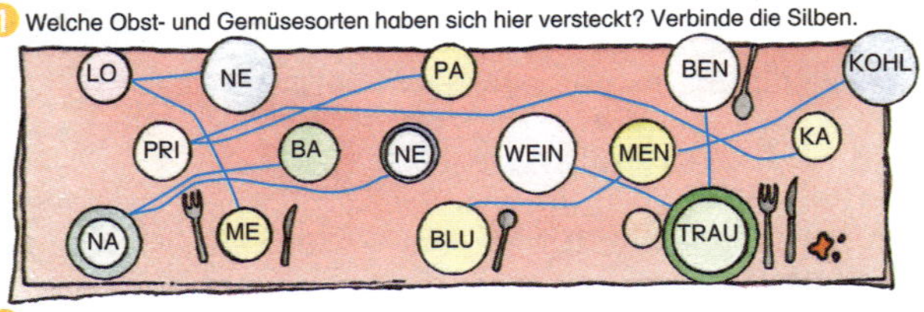

2 Klatsche zuerst. Male dann Silbenbögen darunter.

Sau er kir sche   Schlangengurke   Holunderbeere

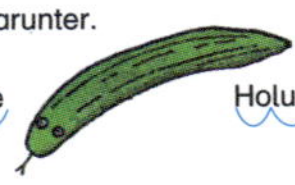

3 Wie viele Silben haben die Wörter? Klatsche und trage ein.
Fallen dir noch weitere Obst- und Gemüsesorten ein? Trage sie ein.

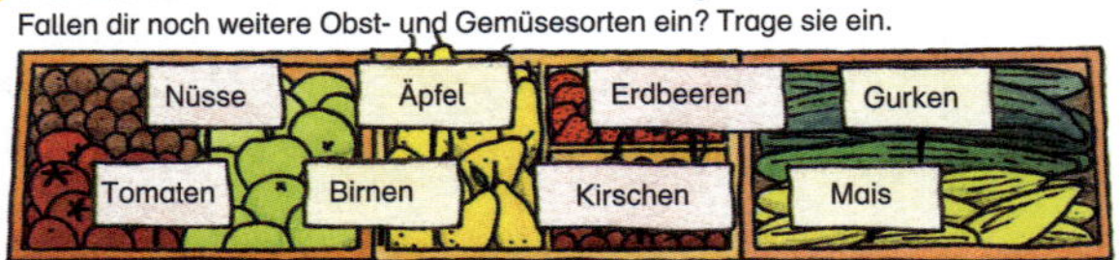

eine Silbe	zwei Silben	drei Silben
Mais	Äpfel	Erdbeeren
	Birnen	Tomaten
	Gurken	
	Kirschen	
	Nüsse	

Verben

1 Finde die Verben. Male die Felder farbig aus.

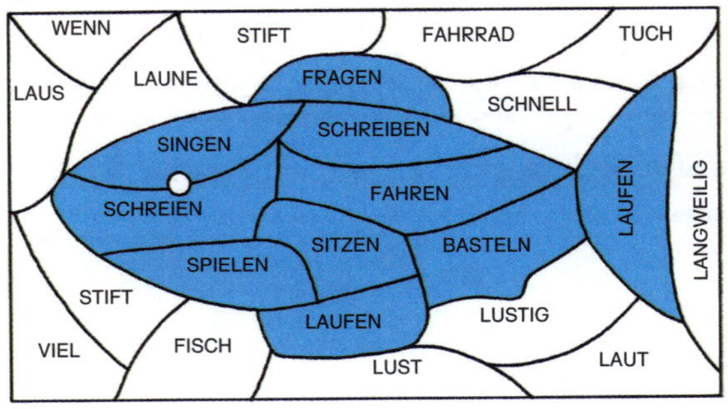

2 Ergänze die Verben in der richtigen Form.

ich	trinke	ich	esse	ich	hüpfe
du	trinkst	du	isst	du	hüpfst
er	trinkt	sie	isst	es	hüpft
wir	trinken	wir	essen	wir	hüpfen
ihr	trinkt	ihr	esst	ihr	hüpft
sie	trinken	sie	essen	sie	hüpfen

Wörter zusammensetzen

1 Welche Wörter haben sich im Baum versteckt?

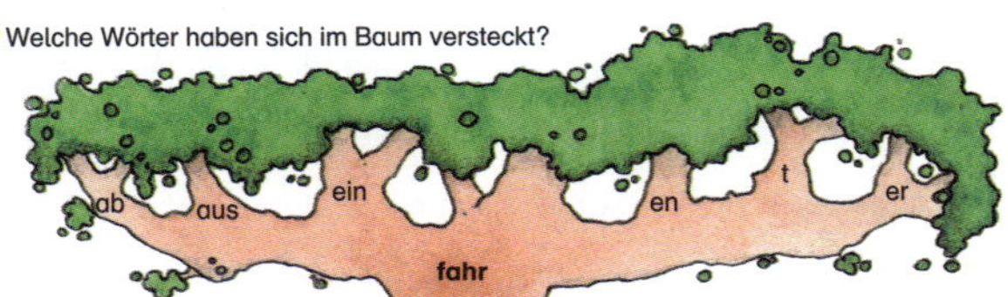

Abfahrt, Ausfahrt, Einfahrt, Fahrt, abfahren,
ausfahren, einfahren, fahren, Fahrer

2 Setze richtig ein. Es gibt mehrere Möglichkeiten.

ver	fall	en	Be	fall	Fehl	er
ver	fehl	en	Be	fehl	Richt	er
ver	lier	en	Be	richt	Spiel	er
ver	spiel	en	Be	such	Such	er
ver	such	en				
ver	richt	en				

Genau lesen

1 In jedem Satz ist ein Wort zu viel. Streiche es durch.

Im ~~früher~~ Mittelalter lebten die Ritter auf einer Burg.
Sie lernten ~~kämpfen~~ schon früh, wie man reitet und kämpft.
Sie dienten ~~für~~ einem Fürsten oder König.
Dafür ~~wann~~ erhielten sie Land, das sie weiter an Bauern verliehen.
Im Kampf trugen ~~klapperten~~ die Ritter eine Rüstung.

2 Trage die fehlenden Wörter ein. Die Wörter unten helfen dir.
Achtung: Nicht alle Wörter passen in den Text.

Im Mittelalter **trugen** die Ritter eine Ritterrüstung. Die schützte sie, damit sie sich im Kampf nicht **verletzten**. Die Ritterrüstung bestand **aus** einem Kettenhemd. Darüber trugen die **Ritter** einen sogenannten Waffenrock. Auf dem **Kopf** trugen die Ritter einen Helm. Der Helm **schützte** sie vor Kopfverletzungen. Es dauerte sehr **lange**, bis die Ritter ihre Rüstung anhatten. Sie war schwer. Sie **wog** etwa 30 Kilogramm. Die Ritter hatten ein **Schwert** und eine Lanze als Waffen.

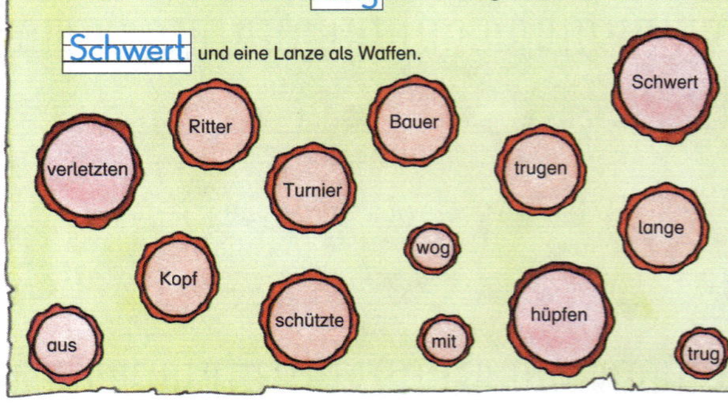

1 Ordne die Wörter nach dem Abc.

Zange schrauben Bohrer sägen Nagel

Bohrer, Nagel, sägen, schrauben, Zange

2 Umkreise alle Nomen rot und alle Verben grün.

KUNDE KAMM BÜRSTE SCHNEIDEN WASCHEN ZAHLEN KÄMMEN

3 Kurzer oder langer Selbstlaut? Trage in die Tabelle ein.

Farbe rot Wand malen grün Pinsel

kurzer Selbstlaut •	langer Selbstlaut –
Farbe	rot
Wand	malen
Pinsel	grün

4 Bilde alle möglichen Wörter aus den Wortbausteinen.

ver an stell lauf en

anstellen, verstellen, stellen, anlaufen,
verlaufen, der Lauf, der Anlauf, der Verlauf

5 In jedem Satz ist ein Wort zu viel. Streiche es durch.

Pele ~~blättert~~ liest ein Buch.
Es ist ~~lustig~~ sehr spannend.
Tim geht ~~am~~ im Park spazieren.
Lena spielt ~~schwimmt~~ Klavier.

1 In unserer Stadt ist viel los:

- Wie viele Fußgänger tragen eine Tasche? 8
- Wie viele Fahrradfahrer fahren nach links? 3
- Wie viele rote Autos findest du? 3
- Wo hat sich Pele versteckt? Kreise ihn farbig ein.

So prägst du dir Merkwörter ein

Schreibe deine Merkwörter auf Karteikarten.
Probiere die Übungsvorschläge zusammen mit einem Partnerkind aus.

Lege 4, 5 oder mehr Merkwortkarten vor dich hin. Präge sie dir gut ein. Mache die Augen zu. Ein Partnerkind nimmt eine Karte weg. Welche?

Ein Kind verteilt drei Merkwortkarten im Raum. Das Partnerkind darf nicht zusehen. Dann muss es die Karten suchen. Hat es sie gefunden, sagt es zu jedem Wort einen Satz und schreibt die Wörter dann auswendig auf.

Erzählt mit den Merkwörtern eine Geschichte. Zieht abwechselnd eine Karte. Bildet mit jedem Wort einen Satz, sodass eine Geschichte entsteht.

Adjektive

1 Finde alle Adjektive. Markiere sie farbig.
Ordne sie dann nach dem Abc.

2 Die alte Schatzkarte ist ganz fleckig. Setze die Adjektive passend ein.

Piraten sind ein wildes Volk. Sie fahren mit Schiffen übers weite Meer. Piraten überfallen andere Schiffe und stehlen ihre wertvolle Fracht. Wenn sie Beute gemacht haben, feiern sie ein fröhliches Fest. Gold und Schmuck verstauen sie in großen Schatztruhen. Die Schatztruhen werden auf einsamen Inseln verbuddelt. Nur die alte Karte des Kapitäns verrät, wo der Schatz vergraben ist.

groß weit alt wertvoll wild fröhlich einsam

Einen Text verstehen

1 Lies zuerst den Text. Kreuze dann die richtigen Antworten an.
Am Ende ergibt sich ein Lösungswort.

Im Zirkus

Pele hüpft ganz aufgeregt auf und ab. Ein Zirkus ist in der Stadt. Da muss er unbedingt hin. Am Nachmittag ist es dann soweit. Pele kauft eine Eintrittskarte und betritt das bunte Zirkuszelt. Schon beginnt die Vorstellung. Zuerst treten die Artisten auf. Sie schwingen hoch oben in der Luft von einem Trapez zum anderen. Dann trotten die riesigen Elefanten in die Manege. Trotz ihrer Größe können sie schwierige Kunststücke vorführen. Pele vergisst vor lauter Staunen, sein Popcorn zu essen. Nach den Elefanten unterhalten die Clowns das Publikum mit ihren Späßen. Pele kann gar nicht mehr aufhören zu lachen. Zum Schluss kommen noch einmal alle Zirkusleute in die Manege. Pele ist begeistert. Was für eine schöne Zirkusvorstellung.

1. Wo ist Pele?
   - im Schwimmbad B
   - im Zoo D
   - im Zirkus L x
2. Was kauft Pele?
   - eine Kinokarte ä
   - eine Eintrittskarte ö x
   - ein Buch ü
3. Wer tritt zuerst auf?
   - die Artisten w x
   - die Elefanten m
   - die Giraffen o
4. Was vergisst Pele zu essen?
   - seine Nudeln k
   - sein Popcorn e x
   - sein Butterbrot b
5. Wer tritt nach den Elefanten auf?
   - die Pferde f
   - die Delfine h
   - die Clowns n x

Pele sieht im Zirkus am liebsten die gefährlichen Löwen

d oder t, g oder k, b oder p im Auslaut?

1 Mit **d** oder mit **t**? Kreuze an.

- d [x] t [ ] (Hund)
- d [ ] t [x] (Hut)
- d [x] t [ ] (Pferd)
- d [ ] t [x] (Brot)
- d [ ] t [x] (Heft)
- d [x] t [ ] (Fahrrad)
- d [ ] t [x] (Boot)
- d [x] t [ ] (Bild)
- d [x] t [ ] (Hemd)
- d [x] t [ ] (Hand)
- d [ ] t [x] (Zelt)

2 Mit **g** oder mit **k**?

star(k)	– die star(k)en Männer	der Flu(g)	– die Flü(g)e
der Kru(g)	– die Krü(g)e	das Geträn(k)	– die Geträn(k)e
der Ta(g)	– die Ta(g)e	der Zu(g)	– die Zü(g)e
die Bur(g)	– die Bur(g)en	flin(k)	– das flin(k)e Wiesel
lan(g)	– das lan(g)e Brett	der We(g)	– die We(g)e

3 Mit **b** oder mit **p**?

trü(b)	gel(b)	hal(b)
Die(b)	Sta(b)	Kor(b)
lie(b)	Telesko(p)	gro(b)
Sie(b)	Stau(b)	Urlau(b)
Lo(b)	Kal(b)	Mikrosko(p)

Zusammengesetzte Nomen

1 Bilde zusammengesetzte Nomen. Trage sie unten ein.

- Das ziehst du im Winter an: H a n d s c h u h e
- Das ist ein Eingang: H a u s t ü r
- Da rieselt Sand durch: E i e r u h r
- Damit schminken sich Frauen: L i p p e n s t i f t
- Da hängen leckere Früchte dran: A p f e l b a u m
- Der spendet Schatten: S o n n e n s c h i r m

2 Hier kommen ganz besondere zusammengesetzte Nomen.

- Haus + Geister: die Hausgeister, das Geisterhaus
- Kuh + Milch: die Kuhmilch, die Milchkuh
- Tür + Schloss: das Türschloss, die Schlosstür
- Spiel + Ball: der Spielball, das Ballspiel

3 Wie könnte es weitergehen?

e oder ä?

1 Immer zwei Wörter gehören zusammen. Verbinde sie.

der Stecker – der Bäcker – das Land – sie fährt – die Wälder – stecken – fahren – rennen – der Wald – er rennt – backen – die Länder – die Schale – schälen

2 Mit **e** oder **ä**? Schreibe ein verwandtes Wort dazu.

er f(ä)llt	fallen	schn(e)ller	schnell
der B(e)rg	die Berge	(ä)lter	alt
die D(ä)cher	das Dach	die (Ä)pfel	der Apfel
die B(e)cher	der Becher		
k(ä)lter	kalt		

3 Welche Wörter mit **ä** sind gemeint?

- Hier gibt es frische Brötchen: B ä c k e r e i
- So nennt man Kinder von Rindern: K ä l b e r
- Der züchtet und pflegt Blumen: G ä r t n e r
- Die hat man im Mund: Z ä h n e

eu oder äu?

1 Finde verwandte Wörter mit **au**.

- die Häuser – das Haus
- die Bäume – der Baum
- die Träume – der Traum
- der Käufer – der Kauf
- läuten – laut
- der Läufer – laufen
- räumen – der Raum

2 Trage richtig ein und male in der passenden Farbe aus.

L äu se	Kr eu ze	t eu er	Z äu ne	Eu le
F eu er	L eu te	äu	R äu ber	B eu tel
sch äu men	T eu fel	eu	K eu le	Kr äu ter
s äu bern	schl eu dern	Str äu ße	Fr eu nde	

3 Alles ist ganz klein.

- die Taube – das Täubchen
- der Baum – das Bäumchen
- das Haus – das Häuschen
- die Maus – das Mäuschen

Vorsilben

1 Umkreise die Vorsilben farbig.

weglaufen | Vortrag | aushalten | gesehen
einsetzen | mitkommen | erkennen | entfernen
begreifen | angeben | Abstand | verstehen

2 Welche Vorsilben passen zu den Verben? Verbinde möglichst mit den passenden Farben.

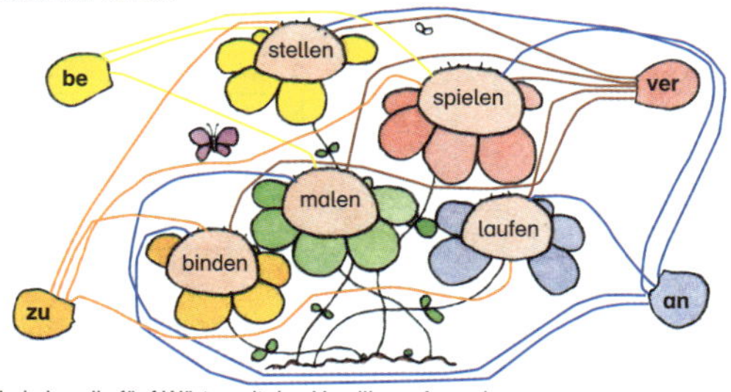

3 Finde jeweils fünf Wörter mit den Vorsilben **ab-** und **vor-**.

ab- | vor-

Immer längere Wörter lesen

1 Male Silbenbögen.
Welches Wort hat die meisten Silben? Markiere es farbig.

Übe, die Wörter immer schneller zu lesen.

Gabel
Gabelstapler
Gabelstaplerfahrer

Floh
Flohzirkus
Flohzirkusdirektor

Feuer
Feuerwehr
Feuerwehrmann
Feuerwehrmannschaft
Feuerwehrmannschaftsführer
Feuerwehrmannschaftsführerin

Unter
Untersee
Unterseeboot
Unterseebootskapitän

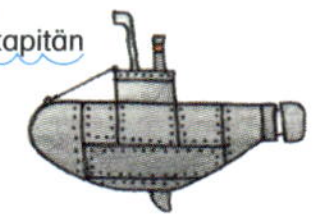

Last
Lastkraft
Lastkraftwagen
Lastkraftwagenfahrer

2 Trenne jeden Wortteil ab. Lies dann die Wörter laut.

Hoch | see | fischer | boot
Speise|wagen|schaffner
Hoch|haus|eingang

Staub|sauger|fach|verkäufer
Fuß|ball|welt|meisterschafts|endspiel
Obst|salat|glas|schüssel

3 Fallen dir auch solche langen Wörter ein?

Wörter mit sp und st

1 Welche Wörter mit **sp** oder **Sp** sind gemeint?

1. Das geistert in alten Schlössern umher.
2. Das tun die Gespenster gern.
3. Die Spinne … ihr Netz.
4. Damit fängt man Mäuse.
5. Da kann man sich selbst drin sehen.
6. Das sind Abenteuergeschichten meistens.

1 Gespenst
2 spuken
3 spinnt
4 Speck
5 Spiegel
6 spannend

Lösungswort: Spukschloss

2 Die Gespenster verdecken die Wortanfänge. Setze **st** oder **St** ein.

Stunde, stolpern, stehen, Stiefel, Stange, Sturz, Strahl, Staub, Streich

3 **sp/Sp** oder **st/St**? Verbinde.

urm, aß, ülen, umm, imme, ill, inne, alte, ende, atz
Sp, sp, st, St

4 Lies die Unsinnszungenbrecher so schnell du kannst.

Spuckende Spinnen springen mit spielenden Spatzen vom Sprungbrett.
Steinreiche Störche stricken still mit stinkenden Steinen.

Fallen dir ähnliche Zungenbrecher ein?

Handeln nach Texten

1 Pele war im Urlaub und hat Fotos gemacht. Doch was ist das? Auf jedem Foto fehlt etwas. Zeichne dazu, was fehlt, und male in den richtigen Farben aus.

Hier ist Pele am Strand. Er hat gerade eine Sandburg mit drei Türmen gebaut. Auf den mittleren Turm hat er ein grünes Fähnchen gesteckt. Rechts neben der Burg liegen Peles blaue Schaufel und sein roter Eimer.

Pele liegt auf einer grünen Luftmatratze. Ein blauer Fisch springt aus dem Wasser. Die Sonne scheint. Es ist nur eine einzige Wolke am Himmel zu sehen.

Auf diesem Foto spielt Pele mit einem gelben Ball mit roten Punkten. Er wirft ihn seinem neuen Freund Tim zu. Tim ist ein kleiner brauner Hund mit Sonnenbrille. Pele hat einen roten Sonnenhut auf.

1 Finde alle Adjektive. Umkreise sie farbig.

WEIL DENN SCHÖN FARBE MALEN ANGST BLAU DUNKEL BUNT

2 Mit **d** oder mit **t**?

rot Herd Bad Kind hart weit Pferd

3 Mit **g** oder **k**?

stark Zwerg Schrank krank lang Burg

4 Bilde alle möglichen zusammengesetzten Nomen.

Burg Hand Ritter Hof Kopf Tuch Herr	Handtuch, Kopftuch, Burgherr, Burghof, Ritterburg

5 Mit **e** oder **ä**?

Teller Geld spenden er fällt er rät er stellt meckern

6 Mit **eu** oder **äu**?

Feuer Ungeheuer teuer Kräuter Zäune Bäume Leute Beute heute

7 Finde mindestens vier passende Vorsilben zu **sehen**.
Schreibe die neuen Wörter auf.

ansehen, besehen, einsehen, zusehen

1 Pele ist gerade auf dem Weg zum Training.
Welchen Sport will er machen?

Tipps für das richtige Abschreiben

1. Lies ein Wort oder einen Satz aufmerksam. Versuche, den Sinn zu verstehen.
2. Achte dabei auf schwierige Stellen.
3. Merke dir das Wort, den Satzteil oder den Satz gut.
4. Schreibe das Wort, den Satzteil oder sogar den ganzen Satz auf.
5. Vergleiche mit deiner Vorlage.
6. Verbessere, falls notwendig.

Der lange i-Laut

1 Unterstreiche alle Wörter, die mit langem i-Laut gesprochen werden.

2 Umkreise dann alle Wörter, die einen langen i-Laut haben und mit **ie** geschrieben werden.

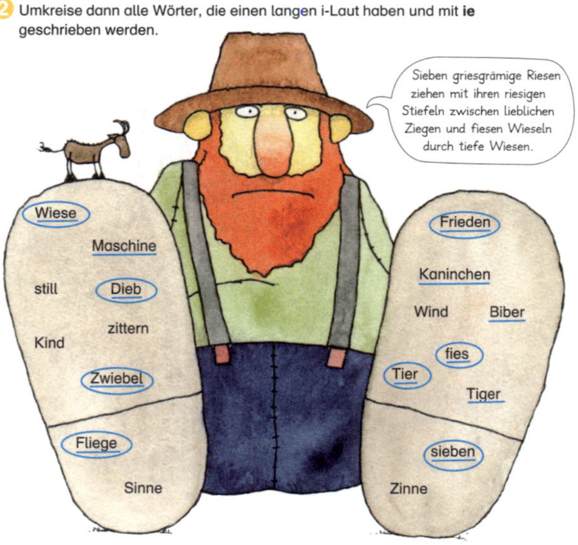

3 Der Riese hat mit seinen Siebenmeilenstiefeln die Steine zertreten.
Kannst du die Wörter trotzdem lesen? Schreibe sie richtig auf.

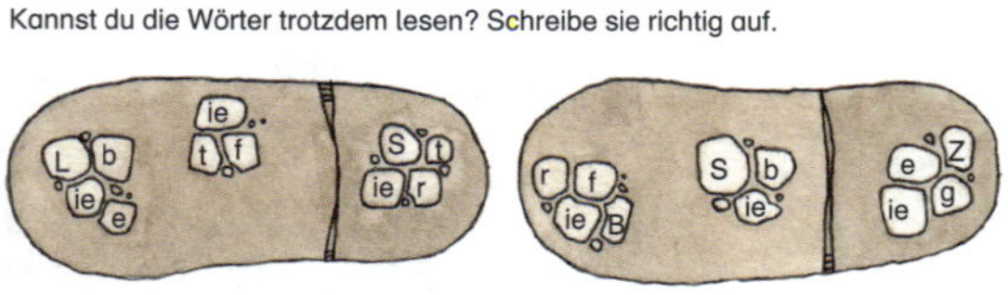

Liebe, tief, Stier, Brief, Sieb, Ziege

Bastelanleitung

Bastelanleitung für Karten

Diese Karten kannst du deinen Eltern und Freunden schenken. Vielleicht möchtest du dich für etwas bedanken, jemandem zum Geburtstag gratulieren oder Mut machen.

1 Male die Karte nach Anleitung aus.

Pele steht auf einem gelben Siegertreppchen. Er hat ein grünes Trikot mit roten Streifen an. Unter dem Trikot trägt Pele ein blaues T-Shirt. Er hat eine rote Mütze auf dem Kopf.

2 Bastle eine Karte.

Du brauchst:

- Pappe
- Klebstoff
- eine Schere und ein Cutter-Messer
- Malstifte

Und so geht es:

1. Schneide eine Karte von Seite 61 an der gestrichelten Linie aus.
2. Klebe sie dann auf ein Stück Pappe und schneide sie nochmals aus.
3. Male das Bild farbig aus.
4. Schneide dann mit dem Cutter-Messer an der blauen Linie ein.
5. Wenn du die Karte nun in der Mitte knickst, steht Pele nach oben.
6. Schreibe noch einen passenden Spruch oder Gruß auf die Karte.

Achtung, das Messer ist scharf.
Lass dir am besten von einem Erwachsenen helfen.
Vergiss die Unterlage nicht, damit du nicht in den Tisch schneidest.

1 Pele hat dir eine Flaschenpost geschickt. Leider ist aber das Papier zerrissen. Kannst du die Botschaft trotzdem lesen? Schreibe die Sätze richtig auf.

auf einer | Ich bin | gestrandet. | einsamen Insel

Ich bin auf einer einsamen Insel gestrandet.

langweilig. | Ich fühle mich | einsam | und | es ist

Ich fühle mich einsam und es ist langweilig.

Wer | besuchen? | kommt mich

Wer kommt mich besuchen?

2 Pele hat die Punkte an den Satzenden vergessen. Kannst du sie für ihn setzen? Denke daran, dass am Satzanfang immer großgeschrieben wird. Kreise den ersten Buchstaben der Sätze ein.

zuerst musst du über das große Meer paddeln. meine einsame Insel erkennst du an den zwei Palmen. ich habe zwischen ihnen eine Hängematte aufgehängt. beim Buddeln im Sand habe ich eine alte Schatztruhe gefunden. ich zünde ein großes Feuer an, damit du meine Insel besser findest.

3 Welche ist Peles einsame Insel? Male sie bunt an.

Zentimetersorgen

Anna und Berta waren gleich alt.
Anna war für ihr Alter um zwanzig Zentimeter zu groß. Worunter sie sehr litt.
Berta war für ihr Alter um zwanzig Zentimeter zu klein. Worunter sie sehr litt.
Anna und Berta schlossen Freundschaft miteinander, und alle anderen meinten: „Die zwei passen ja ganz unmöglich zusammen!" Die zwei passten aber sehr gut zusammen. Weil geteiltes Leid halbes Leid ist.
Und weil jede, für sich allein, ein Zwanzig-Zentimeter-Leid hatte, wurde daraus, wenn sie zusammen waren, ein Zehn-Zentimeter-Leid. Auch wenn alle anderen bloß den Vierzig-Zentimeter-Unterschied sahen.

Christine Nöstlinger

1 Warum hatten Berta und Anna, wenn sie zusammen waren, nur ein „Zehn-Zentimeter-Leid"?

Weil geteiltes Leid halbes Leid ist.

2 Welche Sätze stimmen? Kreuze an.

- [x] Anna war so alt wie Berta.
- [ ] Berta war für ihr Alter zu groß.
- [ ] Aber daraus machte sie sich nichts.
- [x] Anna und Berta wurden Freundinnen.
- [ ] Berta war zwanzig Zentimeter kleiner als Anna.

3 Wer ist wer? Finde die Namen der Kinder heraus.

Tim steht nicht neben seinem Bruder.
Jan ist kleiner als sein Bruder.
Max ist ein Einzelkind.

Jan | Max | Tim

1 v/V, w/W oder f/F? Trage den richtigen Buchstaben ein.

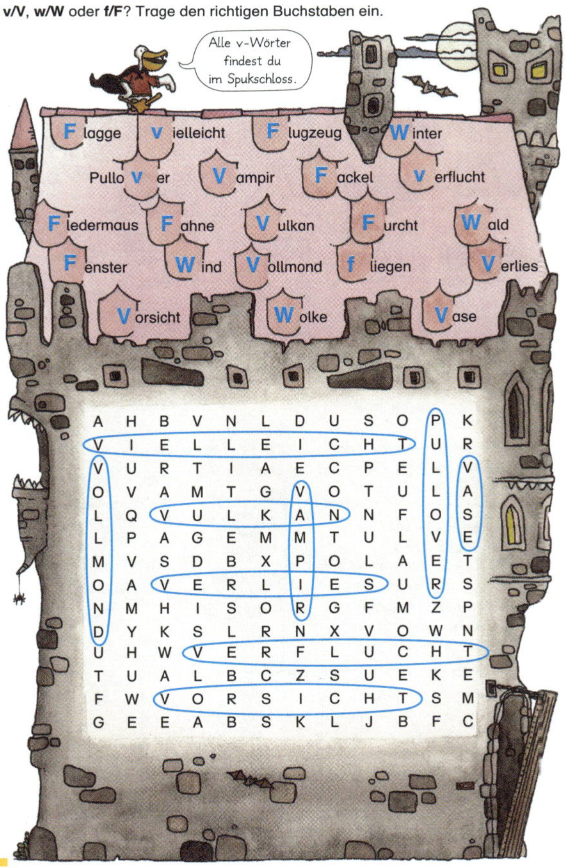

A	H	B	V	N	L	D	U	S	O	P	K
V	I	E	L	L	E	I	C	H	T	U	R
V	U	R	T	I	A	E	C	P	E	L	V
O	V	A	M	T	G	V	O	T	U	L	A
L	Q	V	U	L	K	A	N	N	F	O	S
L	P	A	G	E	M	M	T	U	L	V	E
M	V	S	D	B	X	P	O	L	A	E	T
O	A	V	E	R	L	I	E	S	U	R	S
N	M	H	I	S	O	R	G	F	M	Z	P
D	Y	K	S	L	R	N	X	V	O	W	N
U	H	W	V	E	R	F	L	U	C	H	T
T	U	A	L	B	C	Z	S	U	E	K	E
F	W	V	O	R	S	I	C	H	T	S	M
G	E	E	A	B	S	K	L	J	B	F	C

Er, sie, es sind Pronomen.

1 Setze die fehlenden Pronomen ein.

Die Ureinwohner Nordamerikas nennt man Indianer. Sie lebten dort schon lange, bevor die Europäer Amerika entdeckten. Bei den Indianern hatte jedes Kind schon früh Aufgaben zu erledigen. Es musste den Erwachsenen bei vielen Arbeiten helfen. Ein Junge ging mit den Männern zur Jagd. Dabei lernte er, wie man Bisons jagt. Eine Tochter half ihrer Mutter im Haushalt. Sie lernte Kochen und Handarbeiten. Auch bei der Feldarbeit musste sie helfen.

2 Finde für die Pronomen die passenden Nomen. Trage sie in den Wappenpfahl ein. Die Wörter unten helfen dir dabei.

1. Sie gab es in Amerika noch nicht, bevor die Europäer sie mitbrachten.
2. Sie wurden häufig von den Indianern gejagt.
3. Es ist eine Behausung von vielen Indianern.
4. Er ist eine Waffe für die Jagd.
5. Sie wurde oft bei wichtigen Besprechungen geraucht.

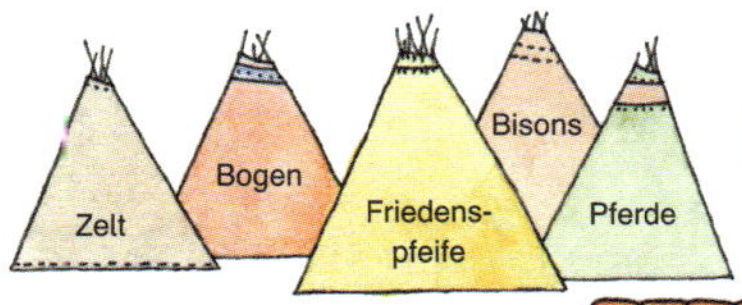

Er wird mit dem Bogen abgeschossen: Pfeil

Adjektive steigern

1 Welche Wörter gehören zusammen? Verbinde möglichst mit den passenden Farben.

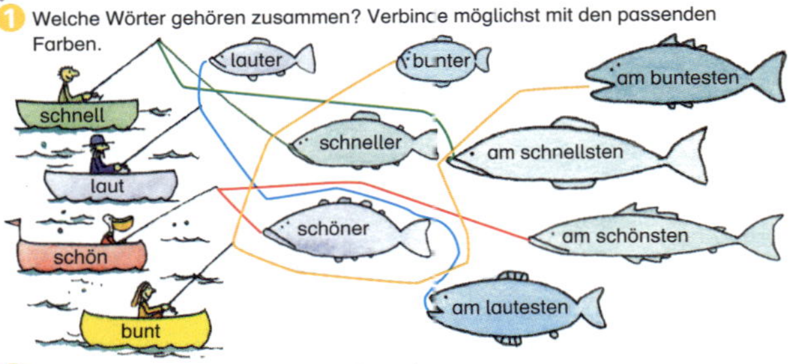

2 Setze die Adjektive in der richtigen Form ein.

Die Lehrerin ist **schlau**. Viele Kinder sind **schlauer**. Aber ich bin **am schlausten**.

schnell

Der Segelfisch ist der schnellste Fisch, den es gibt.

Ein Hai kann nicht so schnell schwimmen,

aber immer noch schneller als die meisten Fische.

alt

Papageien können sehr alt werden. Allerdings werden Wale noch älter.

Aber das Tier, das am ältesten werden kann, ist die Riesenschildkröte.

groß

Pferde sind sehr große Tiere. Kamele sind noch größer,

aber am größten werden Elefanten.

Doppelte Mitlaute

1 Sortiere die Wörter in die Tabelle.

Sommer
schwimmen
schlafen
Krake
Himmel
Spaß
buddeln
Wasser
Schiff

kurzer Selbstlaut	langer Selbstlaut
Sommer	Krake
schwimmen	Spaß
Wasser	schlafen
Himmel	
buddeln	
Schiff	

Nach einem kurzen Selbstlaut folgen mindestens 2 Mitlaute.

2 Pele hat seiner Oma eine Postkarte aus dem Urlaub geschrieben. Ein paar Wasserflecke haben den Text verschmiert. Setze die fehlenden Buchstaben ein.

Liebe Oma,

hier ist es ganz toll.
Die Sonne scheint den ganzen Tag.
Heute war ich im Meer schwimmen.
Eigentlich wollte ich mir die Fische anschauen.
Ich habe aber meine Taucherbrille vergessen.
Am Abend esse ich immer Pizza.
Ich wünsche Dir noch einen schönen Sommer.

Bis bald und ganz liebe Grüße
Dein Pele

Oma Pele
Im Vogelnest 12
Fischhausen

1 Schreibe die passenden Wörter mit **ie** unter die Bilder.

Biene, Wiege, Stier, Wiese, Spiegel, Schiene

2 Finde bei diesen Sätzen die Satzanfänge und die Satzenden: Kreise den ersten Buchstaben der Sätze ein. Setze die Punkte an den Satzenden.

heute hat Pele Geburtstag. er bekommt Besuch. dafür hat er einen Kuchen gebacken. Pele packt viele Geschenke aus. dann setzen sich alle an den Tisch. Pele holt den Kuchen. doch was für ein Ärger. der Kuchen ist ganz schwarz und verbrannt. zum Glück hat Pele noch Eis im Kühlschrank. das essen nun alle.

3 Setze die fehlenden Pronomen ein.

Timo freut sich. Er hat ein neues Fahrrad bekommen.

Sina ist krank. Deshalb bleibt sie im Bett.

Das Kaninchen frisst seit einigen Tagen nicht mehr. Es muss zum Tierarzt.

Oma und Opa kommen zu Besuch. Sie haben uns eine Überraschung mitgebracht.

4 Prüfe, ob ein oder zwei Mitlaute fehlen.

Hammer (m)	Nagel (g)	Klemme (m)	Säge (g)
Schlüssel (s)	Messer (s)	Schraube (b)	Bohrer (r)

1 Pele hat sich fotografieren lassen. Immer zwei Fotos sind gleich. Verbinde sie. Ein Foto kommt nur einmal vor. Umkreise es.

Tipps für tolle Geschichten

Ideen für Geschichten zu finden, ist gar nicht so schwer, wie du denkst. Mit diesen Tipps fällt dir bestimmt immer etwas ein.

Stichwortgeschichte
Schreibe ganz viele unterschiedliche Wörter auf Zettel. Ziehe dann drei oder mehr Zettel. Denke dir zu den gezogenen Wörtern eine Geschichte aus.

Gegenstände erzählen lassen
Suche dir einen Gegenstand (Stift, Becher, Schuh ...) aus. Was könnte er wohl schon alles erlebt haben?

Partnergeschichte
Schreibe immer abwechselnd mit einem Partnerkind einen Satz auf ein Blatt. Knickt das Blatt nach jedem Satz nach hinten weg. So wisst ihr nicht, was der andere geschrieben hat. Es entstehen so die lustigsten Geschichten.

Wörter richtig einsetzen

1 Welche Wörter passen nicht in die Geschichte? Streiche sie durch. Findest du unten die richtigen Wörter? Schreibe sie über die durchgestrichenen Wörter.

Heute gehen Pele und Lola in den ~~Supermarkt~~ Zoo. Sie sind schon gespannt auf die vielen Tiere. Zuerst gehen sie zu den Affen. Die haben einen langen ~~Rüssel~~ Schwanz. Damit hangeln sie sich von Ast zu Ast. Einige Affen tragen ihre ~~Taschen~~ Babys auf dem Rücken.

Pele mag besonders die Löwen. Er findet es toll, wenn sie ihr riesiges Maul aufreißen und laut ~~kreischen~~ brüllen.

Lola geht am liebsten zu den Giraffen. Weil sie so einen langen ~~Schwanz~~ Hals haben, können sie die Blätter von den hohen ~~Häusern~~ Bäumen fressen.

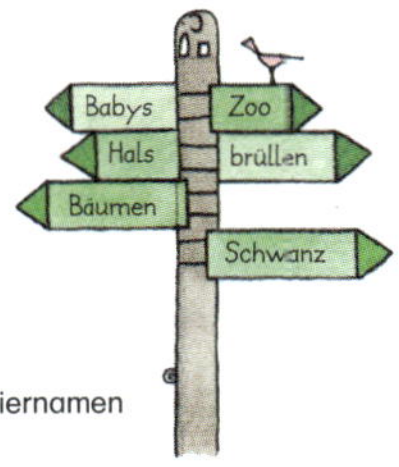

2 Und was ist das für ein merkwürdiges Tier? Schreibe die Tiernamen auf, die sich in diesem Giraffifanten verstecken.

ng oder nk?

1 **ng** oder **nk**? Kreuze an.

2 Wer gehört zusammen? Male die Kärtchen in der passenden Farbe aus. Schreibe die Wörter auf.

krän · vermen · trin · sprin · sen · gen · hän · sin · ken · den · dün · schen · fan · sin

Wortfamilien

Wörter mit demselben Wortstamm gehören zu einer Wortfamilie:
fahren Fahrrad befahren.

1 Schreibe die Wortfamilien getrennt auf. Unterstreiche in jedem Wort den Wortstamm.

2 Welche Wörter gehören zu einer Wortfamilie? Male sie in derselben Farbe an.

verlaufen · Fernseher · Auslauf · Läufer · weglaufen · Sehtest · Spieler · zusehen · Spiel · spielen · laufen · Ablauf

3 Welches Wort passt nicht in die Reihe? Streiche es durch.

stellen Bestellung abstellen einstellen ~~ansteigen~~ unterstellen

besitzen Sitz ~~schwitzen~~ sitzen Sitzung Besitzer absitzen

abschreiben Schreibheft ~~schreien~~ verschreiben aufschreiben

Merksatz merken Merkblatt Merkhilfe ~~meckern~~ bemerken

Informationen entnehmen

HEUTE

Kino 1 · Die Fußballkids
Aufregung bei den Fußballkids: Ihr Trainingsplatz soll verkauft werden. Das wollen die Freunde auf alle Fälle verhindern. Dabei hilft ihnen ihr Mut und ein ganz besonderer Fußballfan.

Kino 2 · Hexe Lilo hext wieder
Hexe Lilo hat aus Versehen ihren Lehrer verzaubert – in ein Kaninchen. Die ganze Klasse steht Kopf. Wie will man denn von einem Kaninchen Rechnen und Schreiben lernen? Lilo muss ihre Tante, die Oberhexe, um Hilfe bitten, aber leider ist alles gar nicht so einfach.
Der Film hat Überlänge.

Eintrittspreise	
Erwachsene	8,00 €
Kinder unter 14 Jahren	6,00 €
Gruppen ab 6 Personen	5,00 € (pro Person)
Zuschlag für Überlänge	1,50 €

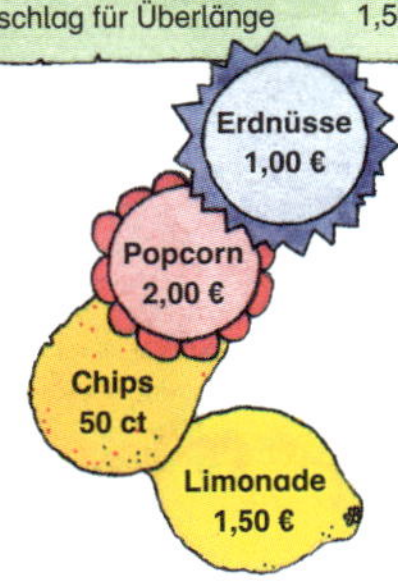

1 Die fünf Freunde aus der 2 a möchten sich den Film ansehen, in dem ein Kaninchen mitspielt.

Wie viel muss jedes Kind für eine Kinokarte bezahlen? 7,50 Euro

2 Jedes Kind darf 3 Euro für Leckereien ausgeben. Was bekommt man dafür? Kreuze an.

- [x] 1 Tüte Popcorn und 1 Tüte Erdnüsse
- [x] 1 Tüte Chips, 1 Tüte Erdnüsse und 1 Limonade
- [ ] 3 Tüten Chips und 2 Tüten Erdnüsse

3 Als Nächstes steht eine Gruppe mit sechs Kindern aus der 2 c an der Kasse. Sie möchten den Film sehen, in dem die Freunde besonders viel Mut brauchen.

Wie viel müssen die Kinder zusammen bezahlen? 30 Euro

Adjektive mit -ig und -lich

1 Finde heraus, ob die Adjektive mit **-ig** oder mit **-lich** enden.

Der Clown ist fröh lich. Der Clown ist traur ig. Der Clown ist ängst lich.

der fröh liche Clown der traur ige Clown der ängst liche Clown

2 **-ig** oder **-lich**? Verbinde möglichst mit den passenden Farben.

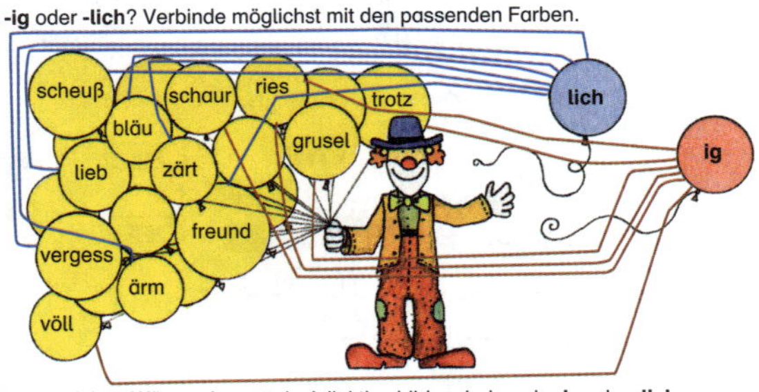

3 Aus welchen Wörtern kannst du Adjektive bilden, indem du **-ig** oder **-lich** anhängst? Umkreise die Wörter mit einem farbigen Stift. Schreibe die Adjektive auf.

Herz, Witz, Fleiß, Traum, Husten, Gefahr, Angst, Schmutz, Spannnung, Hilfe

herzlich, gefährlich, fleißig, schmutzig,
witzig, ängstlich

Wörter mit qu, ß und ch

1 Finde heraus, welche Wörter mit **qu/Qu** gesucht werden.

1. Q u a l l e
2. q u i e k e n
3. Q u a r k
4. q u i e t s c h e n

1. Das ist ein Meerestier.
2. Damit verständigen sich Schweine.
3. Das essen viele gern auf ihrem Frühstücksbrötchen.
4. Das machen manche Türen. Dann müssen sie geölt werden.

Ein Rechteck mit vier gleich langen Seiten ist ein Q u a d r a t

2 Diese Wörter werden alle mit **ß** geschrieben. Schreibe sie auf.

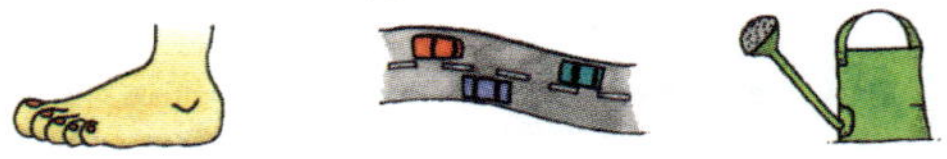

Fuß | Straße | Gießkanne

Floß | Strauß | Fußball

3 Hier haben sich Wörter mit **ch** versteckt. Umkreise sie.

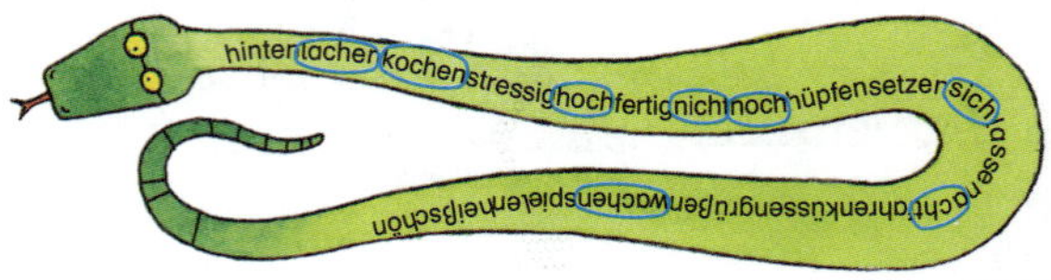

Einen Text gliedern

1 Lies den Text. Gliedere ihn dann in sinnvolle Abschnitte, indem du ihn mit einem roten Stift aufteilst. Nummeriere die Abschnitte.

2 Ordne die Überschriften dem jeweils passenden Abschnitt zu.

4 **So leben Eisbären**
2 **Das fressen Eisbären und so jagen sie**
3 **So ziehen Eisbären ihre Jungen auf**
1 **So sehen Eisbären aus**

Eisbären

1 Eisbären können etwa drei Meter groß werden und wiegen bis zu 800 Kilogramm. Sie haben ein dichtes, wasserabweisendes Fell und eine dicke Fettschicht. Zwischen den Zehen haben Eisbären Schwimmhäute, sodass sie ihre Füße beim Schwimmen wie Paddel benutzen können.

2 Eisbären fressen am liebsten Fische und Robben. Sie fangen ihre Beute von einer Eisscholle aus. Damit die Robben den Eisbären nicht sofort an seiner schwarzen Nase erkennen, deckt der Bär sie mit seiner Tatze ab.

3 Eisbärinnen bekommen ihre Jungen in Schneehöhlen. Meistens sind es zwei Babys. Die Eisbärenmutter kümmert sich zwei bis drei Jahre um ihre Jungen, bis sie selbstständig geworden sind.

4 Erwachsene Eisbären sind meist Einzelgänger. Sie sind tagaktiv und wandern oft stundenlang über weite Strecken.

3 Welcher Text muss unter dieser Überschrift stehen? Recherchiere in Büchern und im Internet.

Dort leben Eisbären

Eisbären leben am Nordpol.

Sätze und Satzzeichen

1 Pele hat die Fensterscheibe zerschossen. Kannst du die Sätze trotzdem lesen? Ordne die Satzteile und schreibe die Sätze auf.

beim Fußball | die Tore. | Die Stürmer | schießen

Die Stürmer schießen beim Fußball die Tore.

das Tor. | Der Torwart | verteidigt

Der Torwart verteidigt das Tor.

mit den meisten Treffern | gewinnt. | Das Team

Das Team mit den meisten Treffern gewinnt.

2 Bei diesen Sätzen fehlt doch etwas. Setze entweder einen Punkt oder ein Fragezeichen an das Satzende. Verbinde die Fragen mit der passenden Antwort.

Wie viele Spieler sind in einer Fußballmannschaft?

Wie heißt der Chef einer Mannschaft?

Nur der Torwart darf den Ball mit der Hand berühren.

In einer Mannschaft sind 11 Spieler.

Dürfen die Spieler den Ball mit der Hand berühren?

Der Chef der Mannschaft ist der Kapitän.

Fröhliche Fußballer frieren bei pfeifendem Wind auf dem frostigen Fußballfeld.

Udakak · lidokorK

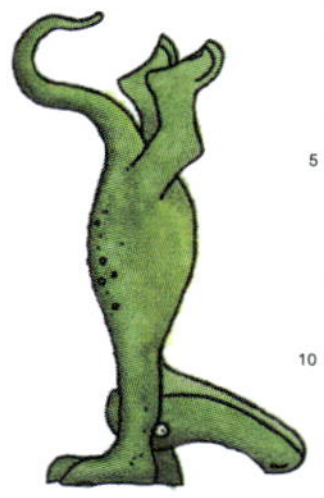

Ein großes grünes Lidokork,
Das badete im Nil.
Dann stieg es rückwärts aus dem Fluss
– und war ein Krokodil.
Da rennt zum kleinen Udakak
Das grüne Ungetüm.
„Flieg rückwärts aus dem Wald heraus!“,
Befiehlt es ungestüm.
Der Kleine schüttelte den Kopf.
Er war zu faul dazu.
Drum wurde aus dem Udakak
Niemals ein Kakadu.

Paul Maar

1 Lerne das Gedicht auswendig. Übe es vorzutragen.
Hier ein paar Tipps dazu:

- Lass dir Zeit. Sprich langsam und deutlich.
- Mache passende Bewegungen zum Text. Laufe zum Beispiel rückwärts oder schüttle den Kopf, wenn es im Text vorkommt.
- Mache ein passendes Gesicht zum Text. Schau zum Beispiel fröhlich, traurig, müde … aus, je nachdem, wie es gerade zum Text passt.

2 Welche Tiere sind denn hier gemeint?

Ewöl Löwe   Tnafele Elefant   Drapoel Leopard

Regit Tiger   Eztak Katze   Lekref Ferkel

3 Und wie heißen diese Tiere, wenn du ihre Namen von hinten nach vorne schreibst?

Huk

Effa

Arbez

1 Finde die zusammengehörigen Silben. Schreibe alle Wörter auf.

Pfote, Pfanne, Pfeffer, Pflanze, Pflege, Pfütze

2 Finde alle Wörter, die mit **pf** enden. Male diese als Regentropfen blau an.
Schreibe die Wörter dann in die Regenschirme.

1 Mit **ng** oder mit **nk**? Beschrifte die Bilder.

Zange

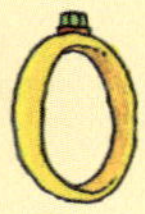
Ring

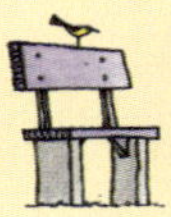
Bank

Schrank

Schlange

2 Bilde aus den Wörtern Adjektive, die auf **-ig** oder **-lich** enden.

grün Mehl Dreck
empfinden Fett Herr

grünlich, mehlig, dreckig,
empfindlich, fettig, herrlich

3 Beschrifte die Bilder.

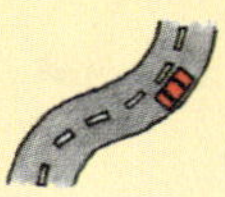
Straße

Gießkanne

Qualle

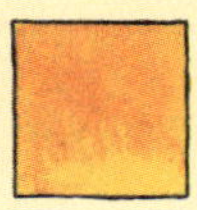
Quadrat

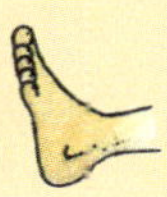
Fuß

4 Setze die richtigen Satzzeichen.

Pele macht gern Sport.
Und was ist seine liebste Sportart?
Er fährt am liebsten Ski.
Es macht ihm besonders viel Spaß, wenn es gerade geschneit hat.
Fährt er auch gern bei Nebel Ski?
Nein, da ist es ihm zu ungemütlich.

5 Werden die Wörter mit **f/F** oder **pf/Pf** geschrieben? Setze richtig ein.

f liegen	Pf lege	Pf erd	f ahren	F aust
F ohlen	Pf anne	f allen	F ackel	Pf ote

1 Findest du alle Tiere im Dschungel? Schreibe ihre Namen auf.

Papagei, Affe, Tiger, Schlange, Pele

Tipps für die Konzentration

Beim Lernen ist es wichtig, dass du dich gut konzentrieren kannst. Pele gibt dir einige Tipps. Leider weiß er nicht mehr, welche Überschrift zu welchem Text gehört. Verbinde.

Ruhe im Raum

Genug trinken und gesunde Snacks essen

Die richtige Zeit wählen

Pausen machen

Finde heraus, wann du am besten lernen kannst.

Beim Lernen brauchst du viel Energie. Trinke genug Wasser oder Tee. Ein Stück Obst oder Gemüse gibt wieder neue Kraft.

Pele!

Achte darauf, dass keine Musik und kein Fernsehgerät läuft.

Nach 20 bis 30 Minuten solltest du eine kleine Pause machen. Steh auf und bewege dich ein wenig.

Wortarten erkennen

1 Nomen, Verb oder Adjektiv? Ordne die Wörter in den richtigen Koffer ein.

Denke bei den Nomen an die Großschreibung.

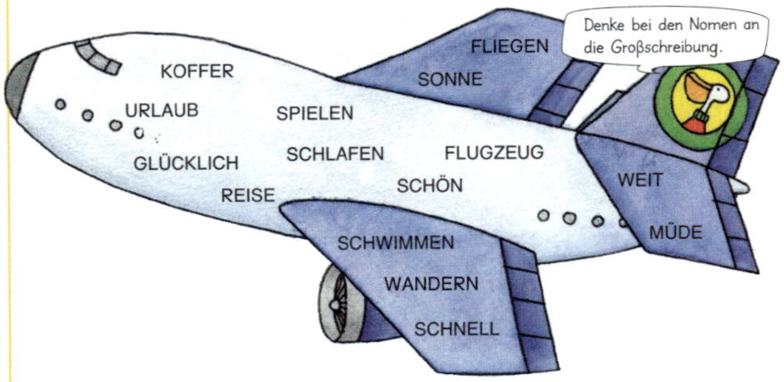

2 Bastle den Würfel von Seite 63 zusammen. Würfle und löse dann die jeweilige Aufgabe. Noch mehr Spaß macht das Würfelspiel zusammen mit einem Partnerkind. Wer zuerst die Aufgaben von allen Würfelseiten gelöst hat, gewinnt. Ihr könnt auch mit einem zweiten Spielwürfel die Anzahl der Nomen, Verben … bestimmen.

Leseerwartungen aufbauen

1 Sieh dir zuerst das Bild unten an. Worum könnte es in dem Text wohl gehen? Schreibe auf.

2 Lies die Überschrift. Kannst du dir darunter etwas vorstellen?

3 Schreibe auf, was du über den Zaubertrick wissen möchtest.

4 Lies den Text aufmerksam durch.

Die klappernde Münze

Mit diesem Trick kannst du eine Geldmünze wie von Zauberhand zum Klappern bringen. Stelle am Tag vor deiner Zaubervorführung eine leere Glasflasche in den Kühlschrank. Hole sie erst kurz vor deiner Vorführung heraus. Feuchte den Flaschenrand mit etwas Wasser an. Lege eine 5-Cent-Münze oben auf. Umfasse dann die Flasche mit beiden Händen und sprich dazu einen Zauberspruch. Nach kurzer Zeit beginnt die Münze zu wackeln und zu klappern.

5 Hast du alles erfahren, was du über den Zaubertrick wissen wolltest?

☐ Ja ☐ Nein

Führe den Trick doch mal in deiner Klasse vor.

Wörter mit ck und tz

1 Prüfe, ob die Wörter einen langen oder einen kurzen Selbstlaut haben. Entscheide dann, ob sie mit **k** oder **ck** geschrieben werden.

Bei langen Selbstlauten schreibe ich **k**, bei kurzen schreibe ich **ck**.

E[ck]e   Kra[k]e   Ha[k]en   De[ck]el   La[k]en   Da[ck]el   we[ck]en   So[ck]en   hä[k]eln   Glo[ck]e

2 Umkreise alle Wörter, die mit **tz** geschrieben werden.

3 Schreibe alle Wörter von oben mit **ck** in den Dackel und alle Wörter mit **tz** in die Katze.

Bei Adjektiven Gegenteile finden

1 Finde immer das Gegenteil.

Das Lösungswort ist das Gegenteil von ernst.

hell	d u n k e l (1)
einfarbig	b u n t (2)
leicht	s c h w e r (3)
leise	l a u t (4)
hoch	t i e f (5)
schlecht	g u t (6)

Lösungswort: Pele ist eigentlich immer l u s t i g.

2 Welche Gegenteile sind gemeint?

Schnecken kriechen sehr langsam.

Manche Schlangen können sehr schnell kriechen.

Eine Dogge ist ein großer Hund.

Dackel sind dagegen ziemlich klein.

Australien ist sehr weit von Deutschland entfernt.

Im Vergleich dazu liegt Österreich sehr nah.

Wenn man ins Wasser springt, wird man nass.

Nachher rubbelt man sich mit dem Handtuch wieder trocken.

Einen Text verstehen

1 Setze richtig ein.

ZANGE | KLAUS | HAUS | SCHLANGE | BERGE | JAHR | SALAT | FERKEL

Im Lande der Zwerge

So ist es im Lande der Zwerge:
Ameisenhaufen sind die Berge,
das Sandkorn ist ein Felsenstück,
der Seidenfaden ist ein Strick,
die Nadel ist da eine Stange,
ein Würmlein ist da eine Schlange,
als Elefant gilt da die Maus,
der Fingerhut ist da ein Haus,
die Fenster sind wie Nadelöhre,
ein Glas voll Wasser wird zum Meere,
der dickste Mann ist dünn wie Haar,
der Augenblick ist da ein Jahr.

Volksgut

2 Male in das Bild mindestens drei Dinge, die in dem Gedicht vorkommen.

Wortfelder

1 Sag es treffender. Welches andere Wort für „sprechen" passt besser in den Satz?

flüstern | schreien | fragen | quatschen | antworten

Die Kinder in der Schule quatschen zu viel. Deshalb muss die Lehrerin laut schreien. „Machen wir ein Spiel?", fragt Marco die Lehrerin. Sie antwortet ihm: „Ja, aber erst, wenn alle Kinder leise sind und nur noch flüstern."

2 Welche Wörter kannst du anstatt „laufen" noch verwenden? Ergänze.

laufen: stolpern, gehen, schlendern, rennen, flitzen, sausen, spazieren, trödeln

3 Wie heißt das Wortfeld?

essen: fressen, mampfen, naschen, futtern, verschlingen, verspeisen, verdrücken, speisen, löffeln

Präpositionen

Präpositionen sind **am, auf, hinter, in, im, neben, über, unter, vor, zwischen** ...

1 Was ist wo? Setze die passenden Präpositionen ein.

Der Papierkorb steht auf Peles Schreibtisch. Vor dem Tisch liegen seine Hefte. Auf der Lampe hängen rote Socken. Neben Peles Bett liegt ein alter Apfel. Hinter dem Regal steckt ein Teddy fest. Peles Schlittschuhe liegen unter seiner Bettdecke. Das wird eine Überraschung, wenn sich Pele in sein Bett legt.

2 Pele hat ein paar Dinge verlegt. Kannst du ihm helfen, sie wiederzufinden?

 Das Mathebuch liegt im Aquarium.

 Das Auto steht auf dem Regal.

 Die Brille liegt unter dem Bett.

Fremdwörter

1 Lauter Fremdwörter. Löse das Kreuzworträtsel. Tipp: Wenn du nicht genau weißt, wie die Wörter geschrieben werden, dann schlage im Wörterbuch nach.

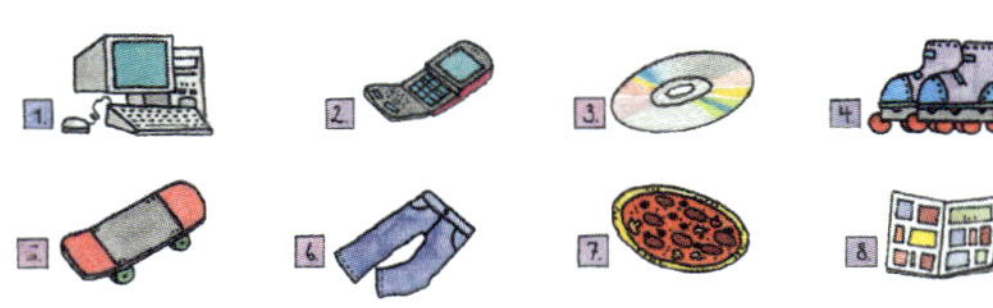

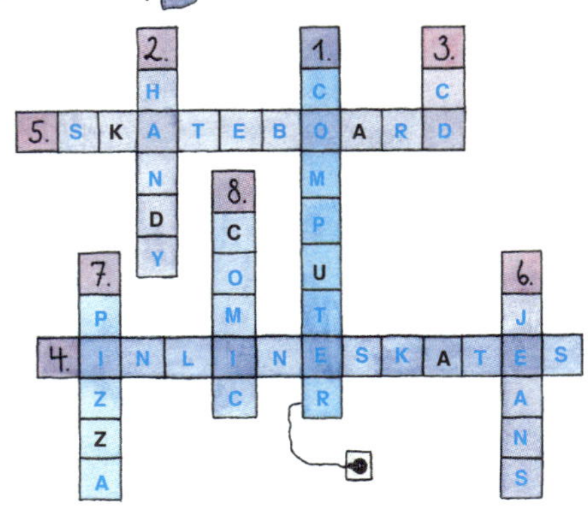

2 Was kann man mit diesen Dingen tun?

Mit dem  kann man telefonieren.

Von der  kann man Musik hören.

Mit den  kann man auf Rollen fahren.

Mit dem  kann man rechnen, spielen, schreiben und vieles mehr.

Bei der Deutsch-Meisterschaft musst du keine Punkte, sondern Buchstaben sammeln. Kreuze die jeweils richtigen Antworten an. Trage am Ende alle Lösungsbuchstaben nacheinander in die Kästchen auf Seite 59 ein.

1 Welche Wörter sind Nomen?

- ○ SAMMELN A
- ⊗ SONNE E
- ○ SELTSAM F
- ⊗ GLÜCK R
- ○ SCHREIBEN G
- ⊗ SCHULE Z

2 Welche der Wörter kannst du aus diesen Wortbausteinen bilden?

lauf ver aus er ge schlaf en

- ○ verschläfst E
- ⊗ geschlafen L
- ○ ausschauen K
- ○ ablaufen O
- ⊗ verlaufen I
- ⊗ ausgelaufen C

3 Welche Wörter sind richtig geschrieben?

- ○ Burk W
- ○ starg G
- ⊗ Bart H
- ⊗ Berg E
- ○ Weld M
- ○ Gelt O

4 Welche Wörter haben einen langen Selbstlaut?

- ⊗ Nase N
- ○ nass Q
- ○ Wald H
- ⊗ Wal L
- ○ Lampe X
- ⊗ sparen C

5 Welche Wörter werden mit **ä** geschrieben?

- ○ W[e]lt V
- ⊗ R[ä]der K
- ○ F[e]der X
- ⊗ B[ä]cker W
- ○ G[e]ld L
- ⊗ D[ä]cher U
- ○ l[e]ben M
- ○ Z[e]lt V

6 Welche Wörter sind Verben?

- ○ SPIELER B
- ⊗ SPIELT N
- ○ HEUTE D
- ⊗ FAHREN S
- ○ STEIN K
- ○ FAHRER L

7 In welcher Zeile hat sich ein Wort aus einer anderen Wortfamilie eingeschlichen? Streiche es durch.

- ⊗ raten verraten ~~Fahrrad~~ C
- ○ sitzen Besitz absitzen I
- ○ abstellen bestellen stellt G
- ⊗ Reise ~~reißen~~ verreisen H
- ⊗ Seil abseilen ~~steil~~ U
- ○ lösen Ablösung erlöst M

8 Welche Wörter schreibt man mit **ng**?

- ○ Schra[nk] O
- ⊗ Spa[ng]e B
- ⊗ Sta[ng]e I
- ○ Schra[nk]e W
- ⊗ Schwu[ng] S
- ⊗ Gesa[ng] T

9 Welche Wörter sind Adjektive?

- ○ NEIN T
- ○ NOT Z
- ○ NICKEN H
- ⊗ NEBLIG D
- ⊗ GUT E
- ⊗ GRÜN U

10 In welchem Satz ist ein Wort zu viel? Streiche es durch.

- ⊗ Pele friert im Winter ~~kalt~~. T
- ○ Der Hund bellt laut. C
- ⊗ Vögel ~~gehen~~ können fliegen. S
- ○ Ein Löwe brüllt laut. E
- ⊗ Ameisen ~~klein~~ krabbeln. C
- ○ Die kleine Biene summt. G

11 Welche Wörter schreibt man mit **v**?

- ○ [W]olke O
- ○ [F]enster Z
- ⊗ [V]ulkan H
- ⊗ [V]orfahrt E
- ○ [F]arbe L
- ⊗ [v]erbieten I

12 Welche Sätze sind richtig geschrieben?

- ○ der Dieb läuft schnell weg. N
- ○ Im Auto ist heiß es? O
- ⊗ Das Kind geht zur Schule. S
- ○ Im Park wachsen Blumen Q
- ○ Kommst du mit ins Kino. R
- ⊗ Die Amsel singt am Abend. T

[H][e][r][z][l][i][c][h][e][n]
[G][l][ü][c][k][w][u][n][s][c][h],
[d][u] [b][i][s][t]
[D][e][u][t][s][c][h]-M[e][i][s][t][e][r]!

1 Welcher Schatten passt zu welcher Pflanze? Wenn du die richtigen Buchstaben unten einträgst, findest du heraus, was Pele am liebsten in seiner Freizeit macht.

Löse das Rätsel. Trage auch die Lösungswörter von den angegebenen Seiten ein.

Lösung: K l a s s e g e r a t e n !

Leseerwartungen aufbauen

1. Sieh dir zuerst das Bild unten an. Worum könnte es in dem Text wohl gehen? Schreibe auf.

2. Lies die Überschrift. Kannst du dir darunter etwas vorstellen?

3. Schreibe auf, was du über den Zaubertrick wissen möchtest.

4. Lies den Text aufmerksam durch.

Die klappernde Münze

Mit diesem Trick kannst du eine Geldmünze wie von Zauberhand zum Klappern bringen. Stelle am Tag vor deiner Zaubervorführung eine leere Glasflasche in den Kühlschrank. Hole sie erst kurz vor deiner Vorführung heraus. Feuchte den Flaschenrand mit etwas Wasser an. Lege eine 5-Cent-Münze oben auf. Umfasse dann die Flasche mit beiden Händen und sprich dazu einen Zauberspruch. Nach kurzer Zeit beginnt die Münze zu wackeln und zu klappern.

5. Hast du alles erfahren, was du über den Zaubertrick wissen wolltest?

☐ Ja ☐ Nein

Wörter mit ck und tz

1 Prüfe, ob die Wörter einen langen oder einen kurzen Selbstlaut haben. Entscheide dann, ob sie mit **k** oder **ck** geschrieben werden.

E ___ e   Kra ___ e   Ha ___ en

De ___ el   La ___ en   Da ___ el

we ___ en

So ___ en   hä ___ eln   Glo ___ e

2 Umkreise alle Wörter, die mit **tz** geschrieben werden.

3 Schreibe alle Wörter von oben mit **ck** in den Dackel und alle Wörter mit **tz** in die Katze.

Bei Adjektiven Gegenteile finden

1 Finde immer das Gegenteil.

hell ______ (1)

einfarbig ____ (2)

leicht ______ (3)

leise ____ (4)

hoch ____ (5)

schlecht ___ (6)

Lösungswort: Pele ist eigentlich immer ______ (1 2 3 4 5 6).

2 Welche Gegenteile sind gemeint?

Schnecken kriechen sehr ________.

Manche Schlangen können sehr ________ kriechen.

Eine Dogge ist ein ________ Hund.

Dackel sind dagegen ziemlich ________.

Australien ist sehr ________ von Deutschland entfernt.

Im Vergleich dazu liegt Österreich sehr ________.

Wenn man ins Wasser springt, wird man ________.

Nachher rubbelt man sich mit dem Handtuch wieder ________.

Einen Text verstehen

1 Setze richtig ein.

ZANGE

HAUS

BERGE

SALAT

KLAUS

SCHLANGE

JAHR

FERKEL

Im Lande der Zwerge

So ist es im Lande der Zwerge:

Ameisenhaufen sind die ______,

das Sandkorn ist ein Felsenstück,
der Seidenfaden ist ein Strick,

die Nadel ist da eine Stange,

ein Würmlein ist da eine ______,

als Elefant gilt da die Maus,

der Fingerhut ist da ein ______,

die Fenster sind wie Nadelöhre,
ein Glas voll Wasser wird zum Meere,

der dickste Mann ist dünn wie Haar,

der Augenblick ist da ein ______.

Volksgut

2 Male in das Bild mindestens drei Dinge, die in dem Gedicht vorkommen.

1 Sag es treffender. Welches andere Wort für „sprechen“ passt besser in den Satz?

flüstern | schreien | fragen | quatschen | antworten

Die Kinder in der Schule ______ zu viel. Deshalb muss die Lehrerin laut ______. „Machen wir ein Spiel?“, ______ Marco die Lehrerin. Sie ______ ihm: „Ja, aber erst, wenn alle Kinder leise sind und nur noch ______.“

2 Welche Wörter kannst du anstatt „laufen“ noch verwenden? Ergänze.

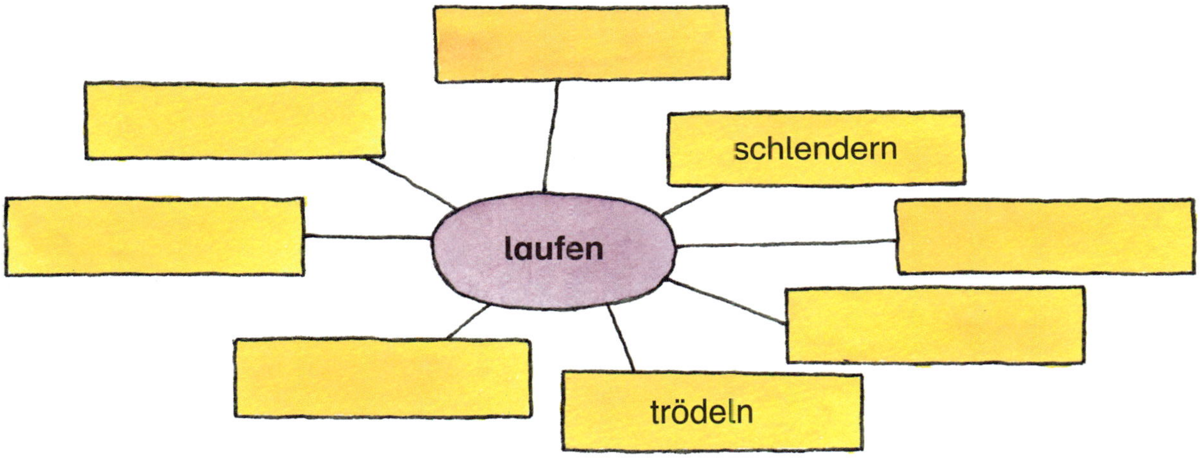

3 Wie heißt das Wortfeld?

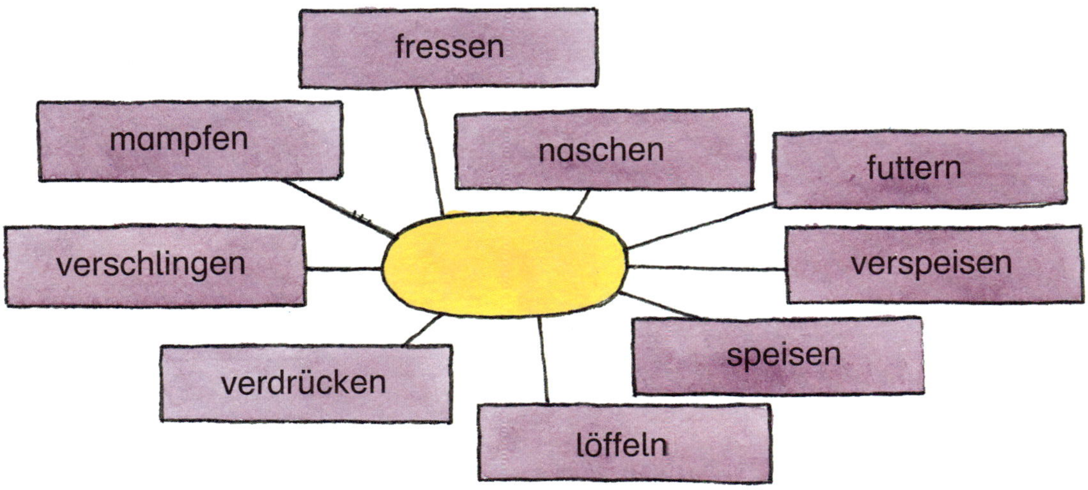

Präpositionen

Präpositionen sind **am, auf, hinter, in, im, neben, über, unter, vor, zwischen …**

1 Was ist wo? Setze die passenden Präpositionen ein.

Der Papierkorb steht _____ Peles Schreibtisch. _____ dem Tisch liegen seine Hefte. _____ der Lampe hängen rote Socken. _____ Peles Bett liegt ein alter Apfel. _____ dem Regal steckt ein Teddy fest. Peles Schlittschuhe liegen _____ seiner Bettdecke. Das wird eine Überraschung, wenn sich Pele _____ sein Bett legt.

2 Pele hat ein paar Dinge verlegt. Kannst du ihm helfen, sie wiederzufinden?

Das Mathebuch _____

_____

_____

1 Lauter Fremdwörter. Löse das Kreuzworträtsel. Tipp: Wenn du nicht genau weißt, wie die Wörter geschrieben werden, dann schlage im Wörterbuch nach.

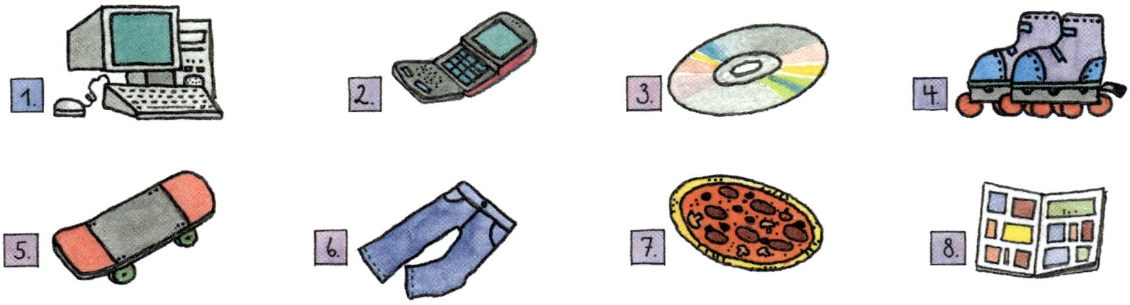

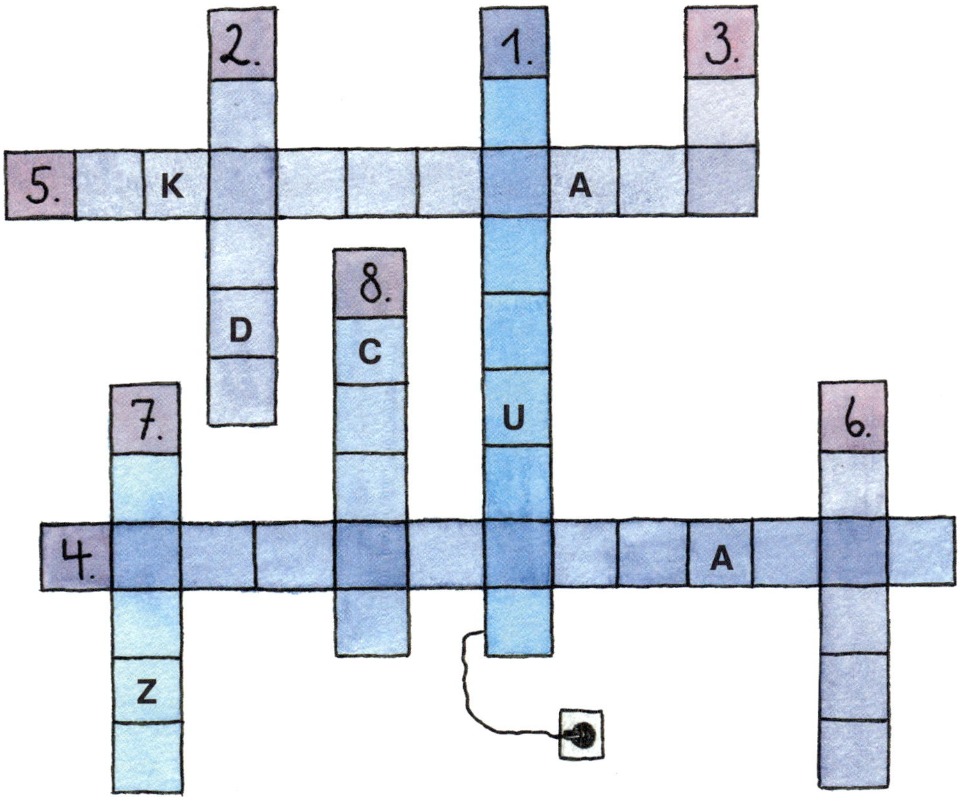

2 Was kann man mit diesen Dingen tun?

Mit dem  kann man t ______________ .

Von der  kann man M ________ hören.

Mit den  kann man auf Rollen f ___________ .

Mit dem  kann man rechnen, spielen, schr __________ und vieles mehr.

Bei der Deutsch-Meisterschaft musst du keine Punkte, sondern Buchstaben sammeln. Kreuze die jeweils richtigen Antworten an. Trage am Ende alle Lösungsbuchstaben nacheinander in die Kästchen auf Seite 59 ein.

1 Welche Wörter sind Nomen?

○	SAMMELN	A
○	SONNE	E
○	SELTSAM	F
○	GLÜCK	R
○	SCHREIBEN	G
○	SCHULE	Z

2 Welche der Wörter kannst du aus diesen Wortbausteinen bilden?

lauf **ver** **aus** **er** **ge** **schlaf** **en**

○	verschläfst	E
○	geschlafen	L
○	ausschauen	K
○	ablaufen	O
○	verlaufen	I
○	ausgelaufen	C

3 Welche Wörter sind richtig geschrieben?

○	Burk	W
○	starg	G
○	Bart	H
○	Berg	E
○	Weld	M
○	Gelt	O

4 Welche Wörter haben einen langen Selbstlaut?

○	Nase	N
○	nass	Q
○	Wald	H
○	Wal	L
○	Lampe	X
○	sparen	C

5 Welche Wörter werden mit **ä** geschrieben?

○	W☐lt	V
○	R☐der	K
○	F☐der	X
○	B☐cker	W
○	G☐ld	L
○	D☐cher	U
○	l☐ben	M
○	Z☐lt	V

6 Welche Wörter sind Verben?

○	SPIELER	B
○	SPIELT	N
○	HEUTE	D
○	FAHREN	S
○	STEIN	K
○	FAHRER	L

7 In welcher Zeile hat sich ein Wort aus einer anderen Wortfamilie eingeschlichen? Streiche es durch.

◯	raten verraten Fahrrad	C
◯	sitzen Besitz absitzen	I
◯	abstellen bestellen stellt	G
◯	Reise reißen verreisen	H
◯	Seil abseilen steil	U
◯	lösen Ablösung erlöst	M

8 Welche Wörter schreibt man mit **ng** ?

◯	Schra□	O
◯	Spa□e	B
◯	Sta□e	I
◯	Schra□e	W
◯	Schwu□	S
◯	Gesa□	T

9 Welche Wörter sind Adjektive?

◯	NEIN	T
◯	NOT	Z
◯	NICKEN	H
◯	NEBLIG	D
◯	GUT	E
◯	GRÜN	U

10 In welchem Satz ist ein Wort zu viel? Streiche es durch.

◯	Pele friert im Winter kalt.	T
◯	Der Hund bellt laut.	C
◯	Vögel gehen können fliegen.	S
◯	Ein Löwe brüllt laut.	E
◯	Ameisen klein krabbeln.	C
◯	Die kleine Biene summt.	G

11 Welche Wörter schreibt man mit **v**?

◯	□olke	O
◯	□enster	Z
◯	□ulkan	H
◯	□orfahrt	E
◯	□arbe	L
◯	□erbieten	I

12 Welche Sätze sind richtig geschrieben?

◯	der Dieb läuft schnell weg.	N
◯	Im Auto ist heiß es?	O
◯	Das Kind geht zur Schule.	S
◯	Im Park wachsen Blumen	Q
◯	Kommst du mit ins Kino.	R
◯	Die Amsel singt am Abend.	T

H □□□□□□□□□

G □ ü □□□□□□□□,

d □ □□□□

□□□□□□□-M □□□□ e r !

1 Welcher Schatten passt zu welcher Pflanze? Wenn du die richtigen Buchstaben unten einträgst, findest du heraus, was Pele am liebsten in seiner Freizeit macht.

zu Seite 29

HIER KNICKEN!

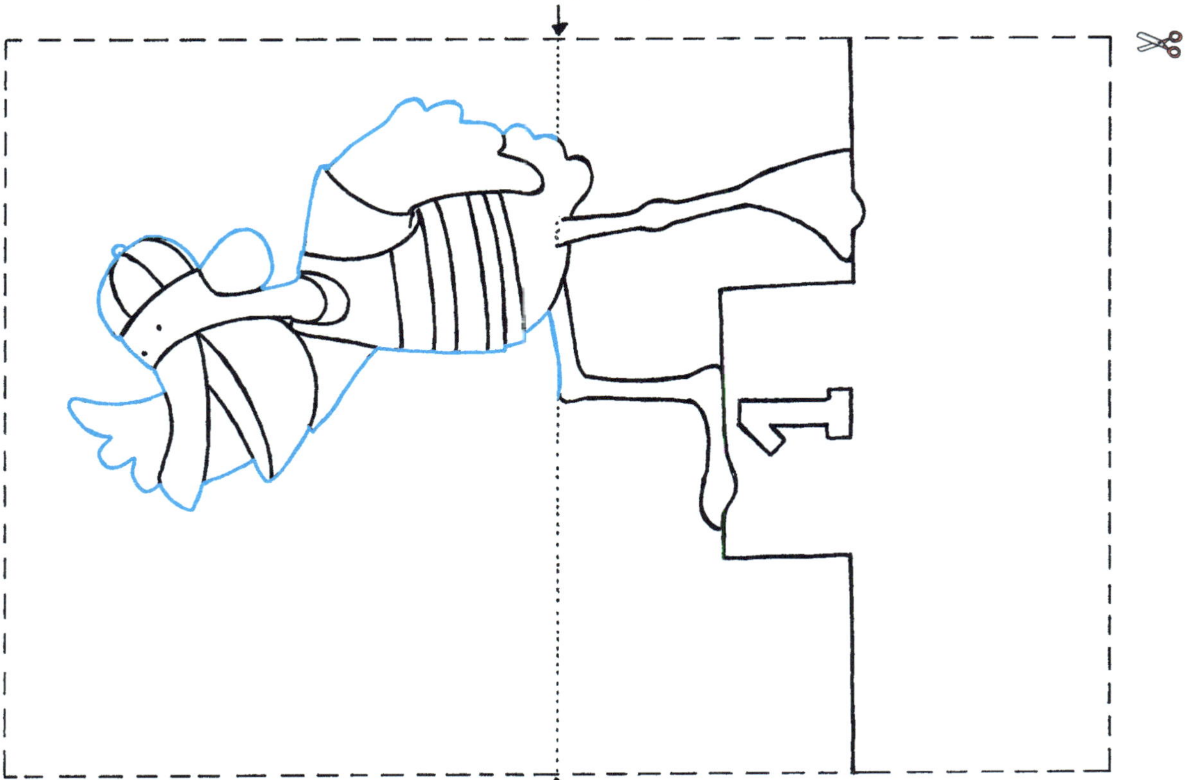

HIER KNICKEN!

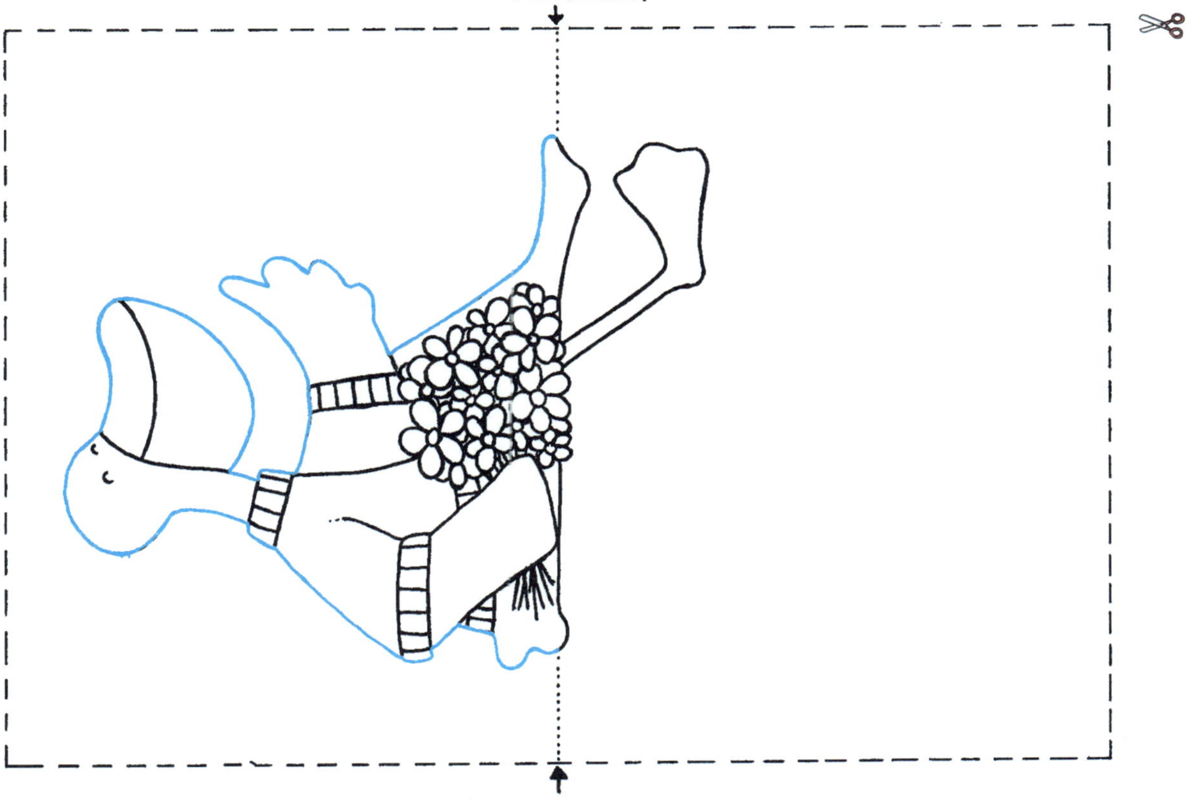

HIER KNICKEN!

zu Seite 50

Nenne drei Adjektive.

Beispiel:
schön, ..., ...

1. Schneide den Würfel an der gestrichelten Linie aus.

Nenne drei Nomen.

Beispiel:
Flugzeug, ..., ...

Bilde eine Satz mit einem Nomen, einem Verb und einem Adjektiv.

Beispiel:
Das Flugzeug fliegt schnell.

Nenne drei Verben.

Beispiel:
schwimmen, ..., ...

2. Knicke den Würfel an den durchgezogenen Linien.

Nenne drei Nomen mit ihrem bestimmten Artikel (der, die, das).

Beispiel:
der Urlaub, ..., ...

3. Klebe den Würfel an den Laschen zusammen.

Nenne drei Nomen in der Einzahl und in der Mehrzahl.

Beispiel:
das Flugzeug –
die Flugzeuge, ..., ...